Matthias Müller-Michaelis

DAS NEUE SORGERECHT

*Gemeinsame Kinder nach
Trennung oder Scheidung:
So verteilen sich Rechte
und Pflichten*

W0196786

SÜDWEST

INHALT

VORWORT: WAS ELTERN ÜBER DAS NEUE SORGERECHT WISSEN SOLLTEN ...

Seit dem 1. Juli 1998 greift eines der bisher umfassendsten Reformprojekte im Familienrecht, das neue Kindschaftsrecht. Scheidungsdramen angesichts des Sorgerechts für das oder die Kind/er sollen damit weitestgehend der Vergangenheit angehören, denn letztlich läuft die neue Regelung auf einen Appell an Mütter und Väter hinaus, Konflikte und Spannungen selbst zu lösen. Diese Reform war in weiten Teilen schon mehr als überfällig und liefert eigentlich nur die gesetzlichen Grundlagen für eine längst geübte Praxis. Zuweilen bleibt sie aber auch nur auf der Stufe von Schönheitsreparaturen stecken.

Die elterliche Sorge soll im Fall einer Trennung bei beiden Eltern bleiben.

In den Bereich solcher kosmetischen Korrekturen gehört beispielsweise die Änderung von § 1626 BGB (Bürgerliches Gesetzbuch). Bisher hieß es dort:

> »Der Vater und die Mutter haben das Recht und die Pflicht, für das minderjährige Kind zu sorgen (elterliche Sorge).«

Künftig wird die Pflicht am Anfang stehen, und das Recht der Eltern rückt an die zweite Stelle. Ob sich diese Änderung auf die gerichtliche Praxis auswirken wird, bleibt jedoch abzuwarten.
Andererseits waren Teile des alten Rechts schon lange nicht mehr wirksam, weil das Bundesverfassungsgericht seine mächtige Stimme erhoben hatte. So gab es beispielsweise nach den Buchstaben des Gesetzes bisher keine Möglichkeit für scheidungswillige Eltern, auch nach der Trennung das gemeinsame Sorgerecht für die Kinder zu behalten.
Der Nachwuchs musste bislang nach einer Scheidung ausdrücklich einem Elternteil zugesprochen werden. Das aber – so urteilte das oberste Gericht zuletzt am 7. Mai 1991 (1 BvL 32/88 in NJW-RR 1991, 1090) – widerspricht tragenden Grundsätzen der Verfassung. Dort wird nämlich die Familie – d. h. nicht nur die Ehe – unter den besonderen Schutz des Staats gestellt. Durch diesen Spruch hatte sich die Rechtslage geändert, nicht aber der gesetzliche Rah-

men. Dank des Verfassungsgerichts konnten Familiengerichte plötzlich das Sorgerecht bei den geschiedenen Eheleuten belassen, wenn das dem Wohl des Kindes entsprach. Wie in diesem konkreten Beispiel sollte die Reform von 1998 mit einigen Ungereimtheiten im Sorge- und Unterhaltsrecht gründlich aufräumen. In diesem Buch stelle ich die aktuelle Rechtslage vor und weise dabei auch auf die Unterschiede zum vorherigen Zustand hin.

Trennungen sind in den allermeisten Fällen für alle Beteiligten eine schmerzliche Angelegenheit. Doch für den Fall der Fälle ist es nötig, die Gesetzeslage zu kennen und alle wichtigen Informationen kompetent und auf den Punkt gebracht zur Hand zu haben.

Der Autor

NACHWUCHS IST ANGESAGT: RECHTE UND PFLICHTEN DER ELTERN

Sie haben vor einigen Monaten erfahren, dass sich Nachwuchs ankündigte, und haben die Zeit genutzt, um alles für seine Ankunft vorzubereiten. Sie sind umgezogen, haben ein Kinderzimmer eingerichtet und Kindersachen gekauft. Während Sie auf Ihr Kind warteten, haben Sie Vorbereitungskurse besucht und viel zu wenig Zeit für sich und Ihren Partner gehabt. Denn jetzt ist der Sprössling da, und alles scheint sich nur noch um ihn zu drehen.

Das neue Kindschaftsrecht betrifft Ehe- wie Lebensgemeinschaften und Alleinerziehende.

Vielleicht war alles aber auch ganz anders. Sie haben gar keinen Partner, wollen unter Umständen auch keinen. Das Kind ist Ihr Kind, ganz allein das Ihre. Niemand soll darüber bestimmen dürfen. Doch niemand hat für Sie und Ihr Kind ein behagliches Nest gebaut. Und wie es nach der Geburt weitergeht, ist Ihnen noch völlig unklar.

Alles ändert sich für Sie, wenn das Kind geboren worden ist – Ihr ganzes Leben und auch die rechtliche Situation. Gezielte Informationen sollen Ihnen dabei helfen, mit der Außenwelt und den neuen rechtlichen Rahmenbedingungen für die Kindeserziehung zurechtzukommen. Stellen müssen Sie sich diesen neuen Anforderungen allerdings allein.

ELTERLICHE SORGE – WIE MAN SIE BEKOMMT

Ihr Kind benötigt nicht nur in den ersten Jahren Ihren Schutz, Ihre Pflege, Ihre Hilfe, Ihr Wissen, Ihre Erziehung, sondern – das wird in späteren Jahren von immer größerer Bedeutung – natürlich auch Ihre finanzielle Unterstützung. Je jünger Ihr Kind ist, umso abhängiger ist es von den Entscheidungen, die Sie in seinem Interesse treffen dürfen und müssen. Sie bestimmen zum Beispiel darüber,

▶ wo und wie es aufwächst,
▶ auf welche Schule es geht,
▶ ob es Taschengeld bekommt und wie viel,
▶ mit wem es spielen darf, und
▶ Sie entscheiden, ob und welche Verwandten und Freunde miteinander besucht werden.

All das gehört zu dem, was die Gesetze unter der elterlichen Sorge verstehen; geregelt ist sie in § 1626 Abs. 1 BGB:

> »Die Eltern haben die Pflicht und das Recht, für das minderjährige Kind zu sorgen (elterliche Sorge). Die elterliche Sorge umfasst die Sorge für die Person des Kindes (Personensorge) und das Vermögen des Kindes (Vermögenssorge).«

Damit ist das Wesentliche schon gesagt: Es bedeutet, dass die Eltern minderjähriger Kinder über alle Angelegenheiten bestimmen dürfen, die das Kind in seinem Lebensraum betreffen.

Wem das Elternrecht zusteht

Miteinander verheiratete Eltern sind automatisch beide zur Sorge des gemeinsamen Kindes verpflichtet und berechtigt. Sind die Eltern nicht verheiratet, ist zunächst einmal nur die Mutter sorgeberechtigt (§ 1626a Abs. 2 BGB). Daran lässt sich aber durch eine besondere Sorgeerklärung gegenüber dem Jugendamt etwas ändern. In der Kurzübersicht sieht das folgendermaßen aus:

1. **Das Sorgerecht steht beiden Eltern gemeinsam zu, wenn**
   a) sie bei Geburt des Kindes **miteinander verheiratet** sind,
   b) sie später noch **heiraten** oder
   c) sie, jeder für sich, eine **Sorgerechtserklärung** abgeben, dass sie die elterliche Sorge gemeinsam ausüben wollen. Diese Erklärung muss öffentlich *beurkundet* werden. Für die Beurkundung ist das Jugendamt zuständig. Rechtsgrundlage dafür ist der geänderte § 59 Abs. 1 Satz 1 Nr. 8 des Achten Buchs Sozialgesetzbuch (SGB VIII) – auch als Kinder- und Jugendhilfegesetz bekannt (KJHG).
   d) ein **Familiengericht** – beispielsweise nach einer Scheidung – den Eltern das Sorgerecht gemeinschaftlich zuspricht beziehungsweise es bei beiden belässt.

   > Gemeinsames Sorgerecht ist gegeben bei bestehender Ehe, einer späteren Heirat, einer beidseitigen Sorgeerklärung der Eltern oder nach einer Scheidung.

2. **Das Sorgerecht steht einem Elternteil allein zu:**
   a) Wenn die Eltern bei der Geburt des Kindes **nicht miteinander verheiratet waren,** nicht heiraten und keine Sorgeerklärung abgeben. In diesem Fall steht das Sorgerecht der Kindsmutter allein zu (§ 1626a BGB).

b) Wenn die Eltern sich trennen und einer der Eheleute vor dem Familiengericht beantragt, dass ihm das Sorgerecht allein zugesprochen wird (§ 1671 BGB). Ist das Kind schon älter als 14 Jahre, darf es einem solchen Antrag widersprechen. Im Übrigen orientiert sich das Gericht (hoffentlich, denn so will es der Gesetzgeber) daran, was dem Wohl des Kindes am ehesten entspricht.

c) Wenn die **Vaterschaft wirksam angefochten ist.** Dann entfällt das Elternrecht beim vermeintlichen Vater. Den dazu erforderlichen Antrag vor dem Familiengericht können entweder der Mann, das Kind oder auch die Mutter stellen (§ 1600 BGB).

Vor der Neuregelung galt, dass bei jedem unehelich geborenen Kind das Jugendamt automatisch prüfen musste, ob das Kind einen Pfleger benötigt. Daran hat sich auch jetzt kaum etwas geändert. Zwar wird in der gesetzlichen Neuregelung von einem Beratungsangebot gesprochen, das der Kindsmutter auch schon vor der Niederkunft gemacht werden kann (§ 52a SGB VIII/KJHG). Dennoch sieht das Gesetz, § 1706 BGB, Fälle vor, in denen das Jugendamt einen Pfleger zu bestellen hat.

> **Die amtliche Pflegschaft tritt in Kraft:**
> 1. Wenn **eine Vaterschaft festgestellt** werden muss. Das ist immer dann der Fall, wenn der Mann, den die Mutter als Vater angibt, seine Vaterschaft bestreitet.
> 2. Wenn die **Unterhaltszahlungen ausbleiben.** Also zum einen, wenn der mutmaßliche Vater seine Vaterschaft bestreitet oder wenn der Vater plötzlich nicht mehr zahlt.
> 3. Wenn **das Kind erbt oder erbberechtigt** wäre. Wenn also einer seiner Eltern stirbt und die Gefahr besteht, dass die übrige Verwandtschaft die Interessen des Kindes übergeht.

Immerhin kann sich die Kindsmutter dagegen wehren, indem sie bei Gericht beantragt,
▶ keinen Pfleger zu bestellen,
▶ eine schon bestehende Pflegschaft aufzuheben
▶ oder wenigstens die Befugnisse des Pflegers zu beschränken (§ 1707 BGB).

Das Gericht muss daraufhin prüfen, welche dieser Möglichkeiten dem Wohl des Kindes am ehesten entspricht. Doch genauso gut kann es die Bestellung des Pflegers bestätigen.

Achtung: Die Bestimmungen über diese Art der Amtspflegschaft (§§ 1706 bis 1710 BGB) gelten *nicht* in den neuen Bundesländern, Art. 230 Abs. 1 Einführungsgesetz zum BGB (EGBGB).

Wie man Vater wird – oder es verhindert

Vielen Menschen mag es komisch vorkommen, dass man(n) nicht einfach Vater wird, sondern dazu gemacht werden kann. Tatsächlich ist rein biologisch nur klar ersichtlich, wer die Mutter ist. Sie hat das Kind schließlich etwa 40 Wochen lang in sich getragen und zur Welt gebracht. Häufig ist aber nicht offensichtlich, wer außer der späteren Mutter bei dem Geschlechtsverkehr noch beteiligt war, der schließlich zur Empfängnis geführt hat.

Diese Frage ist vielen nicht nur unangenehm und peinlich, sie hat auch weit reichende Auswirkungen, die vielleicht bei der Lohnsteuer und der Unterhaltspflicht anfangen, die die Psyche des Kindes betreffen und die spätestens bei der Erbfolge aufhören.

Da die Vaterschaft des Öfteren nicht so eindeutig geklärt ist wie die Mutterschaft, bedarf es einer Feststellung.

Dass die Vaterschaft geklärt werden muss, versteht sich vor diesem Hintergrund von selbst. Und zwar besser früher als später.

Vater eines Kindes nach § 1592 BGB ist der Mann, der ...
1. zum Zeitpunkt der Geburt mit der Mutter **verheiratet ist**.
2. die Vaterschaft durch eine Erklärung **anerkennt**, die beim Jugendamt beurkundet werden kann – das Amt leitet die Erklärung dann an das Standesamt weiter. Diesem Anerkenntnis muss wenigstens die Mutter **zustimmen**. Ist das Kind 14 Jahre und älter, muss es ebenfalls sein Einverständnis erklären (§ 1596 Abs. 2 BGB).
3. mit der Mutter **verheiratet war**, aber im Zeitraum von 300 Tagen vor der Niederkunft gestorben ist (§ 1593 Abs. 1 BGB). Das gleiche gilt übrigens auch, wenn die Ehe später für nichtig erklärt wird – hinsichtlich der Abstammungsfrage ist sie dann sozusagen nicht nichtig (§ 1593 Abs. 2 BGB).
4. vom Familiengericht als Vater festgestellt wird.

Wenn nach den zuvor aufgezählten Kriterien kein Vater festgestellt werden kann, überprüft das Familiengericht nach folgenden Aspekten eine mögliche Vaterschaft:

a) **Als Vater wird vermutet**, wer in der Zeit zwischen dem 300. und dem 180. Tag vor der Geburt des Kindes Geschlechtsverkehr mit der Mutter hatte.

Lässt sich nachträglich feststellen, dass das Kind außerhalb dieses Zeitraums empfangen wurde, gilt natürlich die wirkliche Empfängniszeit (§ 1600d BGB).

b) **Diese Vermutung gilt nicht**, wenn schwer wiegende Zweifel an der Vaterschaft bestehen. Zweifel bestehen an der Vaterschaft zum Beispiel, wenn die Mutter und der mutmaßliche Vater nicht zusammen wohnen oder festgestellt wird, dass die Mutter während der Empfängniszeit auch noch mit anderen Männern zusammen war.

Über den Blutgruppentest wie die Genomanalyse kann die biologische Vaterschaft nach der Geburt bestimmt werden.

Wenn die Vermutung nicht gilt, muss die Vaterschaft durch **medizinische Gutachten** festgestellt beziehungsweise ausgeschlossen werden. Dafür gibt es zwei Verfahren:

– Im so genannten **Blutgruppentest** wird festgestellt, welche Blutgruppen die mutmaßlichen Eltern haben, und daraus nach biologischen Gesetzmäßigkeiten auf die Blutgruppe des Kindes geschlossen. Eine gesicherte Aussage über die Vaterschaft erlaubt dieses Verfahren aber erst einige Monate nach der Geburt. Die Mediziner können vorher nicht hinreichend sicher feststellen, welches Blut in den Adern des Kleinkindes fließt.

– Ähnlich verhält es sich auch mit der wesentlich teureren **Genomanalyse**. Denn es reicht natürlich nicht aus, nur ein paar Merkmale miteinander zu vergleichen. Dadurch lassen sich zwar mögliche Väter ausschließen, aber es wird nicht der eindeutige Nachweis geführt, dass der angeklagte Mann auch wirklich der biologische Vater des Kindes ist.

Anders herum ist es auch denkbar, dass sich später Zweifel auftun, ob der Mann, zu dem das Kind »Vater« sagt, auch wirklich der biologische Vater ist.

Für diesen Fall sieht das Gesetz für alle Beteiligten die Möglichkeit vor, die Vaterschaft durch eine entsprechende **Anfechtung** wieder zu annullieren.

> **Eine Vaterschaft kann angefochten werden**
> **1.** vom Vater,
> **2.** von der Mutter und
> **3.** vom Kind.
> Aber nur innerhalb von zwei Jahren, nachdem die Zweifel an der Vaterschaft bekannt geworden sind (§§ 1600, 1600b BGB).

Die Zweijahresfrist gilt für das Kind nur eingeschränkt, d. h. solange es noch nicht volljährig ist. Damit sollen die Kinder davor geschützt werden, ihre Rechte allein dadurch zu verlieren, dass sie stillhalten, solange sie mit ihren Eltern zusammenleben müssen. Schließlich richtet sich ihr Anfechtungsrecht immer gegen diejenigen Personen, von denen sie – als Minderjährige – persönlich und wirtschaftlich abhängig sind. Ausnahme: Erfährt beispielsweise ein vierjähriges Kind, dass sein Papa erst nach seiner Geburt mit der Mutter zusammengekommen ist, müsste es spätestens mit sechs Jahren die Anfechtung einleiten. Das aber ginge nur, wenn die Mutter sich dafür einsetzt und den Antrag stellt. Also verlängert das Gesetz den Fristbeginn auf den siebten Geburtstag des Kindes (§ 1600b Abs. 4 BGB). Das gleiche gilt, wenn das Kind die wahren Umstände seiner Geburt erst kurz vor seinem 18. Geburtstag erfährt. Hier beginnt die Zweijahresfrist erst ab diesem Tag (§ 1600b Abs. 3 BGB).

> **Innerhalb von zwei Jahren nach Bekanntwerden berechtigter Zweifel an der Vaterschaft kann diese allseitig angefochten werden.**

> **Wichtig:** Familien, deren Väter vom Gericht festgestellt wurden, dürfen die Vaterschaft natürlich nicht mehr anfechten.

Weder Vater noch Mutter: Adoption

Was im Volksmund als Adoption bekannt ist, heißt in der altertümlichen Sprache des BGB Annahme als Kind. Eine Adoption ist möglich, wenn folgende Voraussetzungen erfüllt sind:
1. Die leiblichen **Eltern sind einverstanden**.
  a) Darauf kann **verzichtet** werden, wenn ein Elternteil durch Krankheit oder auf andere Weise nicht in der Lage ist, sich irgendwie zu äußern (§ 1747 Abs. 4 BGB). Das gleiche gilt, wenn ein Elternteil verschollen oder sonst unauffindbar ist.

b) Die Zustimmung kann auf Antrag des Kindes **ersetzt** werden, wenn ein Elternteil seine elterlichen Pflichten ständig und grob verletzt hat. Zusätzlich müssten dem Kind unzumutbare Nachteile drohen, falls die Adoption nicht stattfindet. Das heißt, hier muss das **Familiengericht** prüfen, ob außergewöhnlich schwere Umstände dafür sprechen, die Eltern oder einen Elternteil zu übergehen.

2. Das Kind ist **wenigstens acht Wochen alt** – sofern es älter als 14 Jahre und nicht geschäftsunfähig ist, muss es aber der Adoption zustimmen.

3. Die Adoption dient dem **Wohl des Kindes**.

4. Es ist zu erwarten, dass zwischen den Adoptiveltern und dem Kind ein normales **Eltern-Kind-Verhältnis** entsteht.

5. Von den Adoptiveltern ist wenigstens einer mindestens **25 Jahre** alt. Wird der Adoptionsantrag nicht von einem Paar, sondern von einer Einzelperson gestellt, muss diese mindestens 25 Jahre alt sein.

Ob diese Bedingungen alle erfüllt werden oder nicht, prüft das Familiengericht eingehend.

Den Adoptionsantrag muss der Adoptionswillige in notariell beurkundeter Form einreichen. Zum Notar müssen auch alle, die der Annahme als Kind zustimmen müssen oder sollen.

Denn nur die **notariell beurkundeten** Zustimmungen sind wirksam, eine mündliche Erklärung vor dem Richter genügt nicht. Ansonsten gilt Folgendes:

▶ **Eheleute** können ein Kind **nur gemeinschaftlich** annehmen, nicht einzeln (§ 1741 BGB).

▶ **Ausnahme:** Ein Ehegatte nimmt *das Kind seines Partners oder seiner Partnerin* als eigenes an. Es wäre ja etwas widersprüchlich, wenn zum Beispiel die Mutter ihr eigenes Kind noch einmal annehmen müsste, auch wenn das nur im Rahmen einer gemeinsamen Erklärung mit ihrem neuen Ehegatten geschähe.

▶ **Ausnahme:** Einer der Eheleute ist *geschäftsunfähig oder jünger als 21 Jahre*. Hier genügt die Annahme durch den anderen Ehegatten, der aber geschäftsfähig und älter als 25 Jahre sein muss.

▶ Wer **nicht verheiratet** ist, kann das Kind **nur allein annehmen**. Das hat zur Folge, dass bei einer *nicht ehelichen Lebensgemein-*

schaft nur einer der Partner die Annahme erklären muss und das Sorgerecht erhält, auch wenn sich später beide gemeinschaftlich um das Kind kümmern wollen (§ 1742 BGB).

Mit der Adoption wird das Kind zum Kind desjenigen, der es angenommen hat. Hat ein Ehepaar das Kind angenommen, gilt es ab diesem Zeitpunkt als gemeinschaftliches Kind. Übrigens gibt es das gemeinsame Sorgerecht bei einer Adoption nur für Ehepaare, nicht für nicht eheliche Lebenspartnerschaften. Ohne Trauschein ist entweder der Adoptivvater *oder* die Adoptivmutter sorgeberechtigt.

Im Fall einer Adoption liegt das Sorgerecht für das angenommene Kind allein bei den Adoptiveltern.

Da das angenommene Kind rechtlich so gestellt werden soll, als wäre es das eigene Kind der Adoptiveltern, passiert Folgendes:

Wichtig: Die bisherigen Verwandtschaftsverhältnisse zwischen dem Kind und seinen leiblichen Eltern erlöschen.

Ausnahme: Ein Ehegatte nimmt das Kind seines Partners oder seiner Partnerin als eigenes an. Das allein reicht jedoch nicht. Zusätzlich muss die Partnerschaft, aus der das Kind stammt, durch den Tod eines Elternteils beendet worden sein, der außerdem bis zum Schluss sorgeberechtigt war. Ist dagegen die Ehe der leiblichen Eltern nur geschieden worden oder hat der Expartner vor seinem Tod die Sorgeerklärung widerrufen, geht das Verwandtschaftsverhältnis wie in allen übrigen Fällen sang- und klanglos unter.

Fazit: Das Kind ist nach der Adoption im Prinzip nur noch mit den Personen verwandt, mit denen auch seine neuen Eltern verwandt sind.

Das wirkt sich nicht nur auf die Erbfolge aus, sondern auch auf die Unterhaltspflicht der weiter entfernten Verwandten: Die hat sich mit der Adoption erledigt.

Anders verhält es sich nur mit staatlichen oder vertraglichen Ansprüchen, die das Kind in die neue Familie einbringt. Durfte es im Zeitpunkt der Adoption zum Beispiel Waisen- oder eine sonstige Rente verlangen, fließt das Geld weiter.

DAS SORGERECHT: SO SIEHT ES AUS

Wenn im Folgenden von »Eltern« die Rede ist, sind damit der oder die Sorgeberechtigte/n gemeint. Wie Sie gerade erfahren haben, müssen das ja nicht unbedingt dieselben Leute sein.

Das Sorgerecht beinhaltet vor allem die Pflicht, für das Kind zu sorgen. Allgemein gültige Gesetze gibt es dafür kaum. Zum einen deshalb, weil keine Wissenschaft der Welt sichere Erkenntnisse darüber hat, auf welche Art und Weise man Kinder schulen und ausbilden muss. Zum anderen deshalb, weil Eltern ein sehr großes Risiko tragen, Fehler zu machen. Fehler, die man den Eltern in den meisten Fällen aber nicht guten Gewissens vorwerfen kann, obwohl einige davon nicht wieder gutzumachen sind.

Für die Erziehung von Kindern gibt es kein Patentrezept, wie es auf jeden Fall klappt.

Während beispielsweise ein Arbeitnehmer nur eine begrenzte Zeit des Tages oder seines Lebens im Beruf ist, handelt es sich bei der Elternrolle um eine echte Vollzeitangelegenheit. Kinder nehmen keine Rücksicht auf Tageszeiten, auf Urlaubsansprüche oder auf ärztlich festgestellte Arbeitsunfähigkeit. Es gibt kein »Erziehungszeitgesetz«, das Eltern Ausruhphasen garantiert. All die Schutzgesetze, die Arbeitnehmer vor Überarbeitung und ihre Chefs vor Flüchtigkeitsfehlern schützen sollen, fehlen hier. Also sind Fehler der Eltern unvermeidlich, irgendwann und immer wieder.

Es bleibt als einziger Schutz für die Eltern, dass sich die Rechtsordnung in das Familiengefüge möglichst wenig einmischt. Sämtliche Vorschriften, die sich trotzdem einmischen wollen, sehen weite Beurteilungsspielräume für die Außenstehenden vor. Sie bauen hohe Hürden vor Entscheidungen, die dem Willen der Eltern oder dem des Kindes entgegenstehen.

Juristen retten sich diesbezüglich oft mit dem Satz: »Es kommt auf den Einzelfall an.« Das aber bedeutet nichts anderes, als dass eigentlich keine Regeln gelten.

Wenn man nun die Grundsätze näher betrachtet, die die Basis für die Relation zwischen elterlichen Befugnissen und den entgegenstehenden Rechten des Kindes bilden, sollte nicht vergessen werden, dass es kaum Regeln gibt, die als absolut gelten.

1. Grundsatz: Kinder sollen selbstständig werden

Schon in dem Gesetz, das den Eltern Sorgerecht und Sorgepflicht zuweist, wird klargestellt, dass die Elternrechte dort aufhören, wo die Rechte des Kindes beginnen. In § 1626 Abs. 2 BGB heißt es:

> »Bei der Pflege und Erziehung berücksichtigen die Eltern die wachsende Fähigkeit und das wachsende Bedürfnis des Kindes zu selbstständigem verantwortungsbewusstem Handeln. Sie besprechen mit dem Kind, soweit es nach dessen Entwicklungsstand angezeigt ist, Fragen der elterlichen Sorge und streben Einvernehmen an.«

Klar ist, dass sich aus diesem rechtlichen Programmsatz nur in wenigen Ausnahmefällen echte Rechtsfolgen entwickeln lassen. Dummerweise neigt man als Vater oder Mutter oft dazu, die Reife des eigenen Kindes zu unterschätzen. Um Eltern und Richtern Anhaltspunkte für die Entwicklungsstufen eines Kindes zu geben, sieht das Gesetz für bestimmte Entscheidungen Altersgrenzen vor. Schaut man sich diese Grenzen – und wofür sie gedacht sind – etwas näher an, wird deutlicher, was die Rechtsordnung unter dem Entwicklungsstand eines Kindes versteht.

Die Altersgrenzen im Einzelnen:
1. Mit 0 Jahren

Mit Vollendung der Geburt ist ein Mensch nach dem BGB **rechtsfähig,** aber **geschäftsunfähig.** Das heißt, er darf Unterhalt verlangen und man kann ihm eine Leistung versprechen (Rechtsfähigkeit). Aber das Kind kann und darf keine Verträge schließen und haftet auch nicht für Handlungen, die Schäden verursacht haben.

Das BGB ist mit dem Zeitpunkt der Rechtsfähigkeit aber nicht ganz konsequent. So kann schon das Ungeborene zum Beispiel erben: Es »gilt als vor dem Erbfall geboren«, bestimmt das Gesetz (§ 1923 Abs. 2 BGB). Weiter hat auch das Ungeborene ein Recht darauf, dass seine elementaren Grundrechte auf Leben und körperliche Unversehrtheit beachtet werden. Das meinte das

Im Mittelpunkt des elterlichen Sorgerechts steht die Erziehung des Kindes zur Selbstständigkeit.

Verfassungsgericht zuletzt am 28.5.1993 (2 BvF 2/90). Und schließlich kann sogar ein noch nicht erzeugter Nachkomme in einem Vertrag begünstigt oder als Nacherbe eingesetzt werden.

2. **Mit 7 Jahren**

Mit dem siebten Geburtstag wird ein Minderjähriger **beschränkt geschäftsfähig** (§ 106 BGB). Unangenehm ist, dass der Minderjährige nun auch für unerlaubte Handlungen geradestehen muss (§ 828 Abs. 2 BGB) – soweit er vernünftig genug war, das Verbotene oder Gefährliche an seinem Tun zu erkennen.

Die beschränkte Geschäftsfähigkeit bedeutet, dass das Kind jetzt Verträge schließen darf, solange ein Erziehungsberechtigter oder der Vormund damit einverstanden ist.

Wichtig: Ohne so eine Einwilligung ist ein Vertrag zwischen einem Minderjährigen und zum Beispiel einem Händler *von Anfang an unwirksam*. Wer einem kleinen Kind also ein Fahrrad verkauft, muss damit rechnen, dass die Eltern das Geschäft rückgängig machen. Zwei Ausnahmen gibt es jedoch:

a) Zum einen durch den »Taschengeldparagraphen« (§ 110 BGB). Der erlaubt es einem Kind oder Jugendlichen, wirksame Verträge zu schließen, solange er seine Verpflichtungen mit dem *Taschengeld* bestreiten kann. Das gilt allerdings schon dann nicht mehr, wenn Ratenzahlung vereinbart werden musste: Dann nämlich muss jeder davon ausgehen, dass jenes Rad gerade nicht mehr allein mit dem Taschengeld gekauft werden konnte. Ergebnis: Die Eltern müssen einwilligen; entweder vorher – Zustimmung – oder hinterher – Genehmigung – (§§ 182ff. BGB).

> **Über sein Taschengeld kann ein Siebenjähriger frei verfügen und eigenständig kleine Geschäfte tätigen.**

b) Zum anderen ist eine Einwilligung der Eltern überflüssig, wenn das Kind aus dem Vertrag nur *rechtliche Vorteile* erlangt. Deshalb darf das Kind ohne Zustimmung der Eltern beispielsweise Geschenke annehmen, solange die nicht wieder mit weiter gehenden Verpflichtungen einhergehen.

Man hat lange darüber gestritten, ob ein Minderjähriger ein Grundstück geschenkt bekommen kann, obwohl damit auch Verpflichtungen verbunden sind (z. B. Grundsteuern oder dingliche Lasten). Heute ist man sich aber darin einig, dass bei Grund und Boden die Vorteile gewichtiger sind als die damit verbundenen Nachteile.

3. Mit 14 Jahren

Mit Vollendung des 14. Lebensjahrs wird ein Mensch im Sinn des Strafrechts **schuldfähig**. Das heißt, unter 14-Jährige kann der Staatsanwalt nicht belangen, Kinder über 14 Jahren dagegen schon. Für Jugendliche – das sind Menschen zwischen 14 und 18 Jahren (geregelt in § 1 Abs. 2 Jugendgerichtsgesetz) – gilt allerdings der mildere Strafkatalog des Jugendstrafrechts.

Im Zivilrecht muss das Kind spätestens mit 14 Jahren immer beteiligt werden, wenn es um familiäre Entscheidungen geht. So kann beispielsweise ein mindestens 14-jähriges Kind nur adoptiert werden, wenn es selbst damit einverstanden ist.

> **Ein Jugendlicher muss ab dem 14. Lebensjahr an familiären Entscheidungen beteiligt werden.**

4. Mit 16 Jahren

Mit dem 16. Geburtstag kann ein Minderjähriger ein notarielles Testament errichten. Schreibt er seinen letzten Willen aber bloß eigenhändig auf, ist das unwirksam. Ein Notar muss sich von der Testierfähigkeit des Minderjährigen überzeugen und das im Testament vermerken (§§ 2232, 2247 Abs. 4 BGB). Ein Minderjähriger ist eben nur **beschränkt testierfähig**.

Weiter kann das Familiengericht einem mindestens 16-Jährigen eine Heirat erlauben – sofern der künftige Ehegatte volljährig ist. Ein Minderjähriger kann also mit dem 16. Geburtstag die **Ehemündigkeit** erreichen (§ 1 Abs. 2 EheG).

Vor dem Strafgericht dürfen Jugendliche unter 16 Jahren nicht vereidigt werden (§ 61 Nr. 1 StPO). Man geht davon aus, dass ein Jugendlicher erst mit 16 Jahren erkennt, welche moralische und rechtliche Bedeutung ein Schwur hat.

5. Mit 18 Jahren

Mit dem 18. Geburtstag ist ein Mensch **volljährig**. Er kann und darf Verträge schließen, ohne jemanden um Erlaubnis fragen zu müssen. Er unterliegt nicht mehr der elterlichen Sorge, obwohl er noch Unterhaltsansprüche gegen seine Erzeuger haben kann. Er kann sowohl eigenhändige Testamente errichten, wie auch nach Gutdünken heiraten. Die Kehrseite der Medaille: Ab jetzt ist er für seine Handlungen voll verantwortlich.

6. Mit 21 Jahren

Die bis 1975 gültige Volljährigkeitsgrenze hat sich im Strafrecht erhalten. Danach kann ein Mensch zwischen 18 und 21 Jahren als **Heranwachsender** nach dem Jugendstrafrecht bestraft werden. Dazu muss er aber nach seinem Entwicklungsstand entweder noch Jugendlicher sein, oder es muss sich bei der begangenen Tat um ein typisches Jugenddelikt handeln (§ 105 Jugendgerichtsgesetz – JGG).

Doch mit Überschreiten der Grenze zum 21. Lebensjahr ist es mit der Milde des Gesetzes endgültig vorbei. Ab jetzt gilt ohne Ausnahme das Erwachsenenstrafrecht.

7. mit 25 Jahren

Mit 25 Jahren kann ein Erwachsener ein fremdes Kind als eigenes annehmen. Im Rahmen einer Ehe ist das schon dann möglich, wenn wenigstens einer der Eheleute dieses Alter erreicht hat und der andere nicht jünger als 21 Jahre ist.

2. Grundsatz: Kein Kind darf misshandelt werden

Dass man Kinder nicht misshandeln darf, scheint so selbstverständlich zu sein, dass kaum jemand darüber nachdenkt. Trotzdem ist gerade an dieser Frage ein grundlegender Streit entstanden, der bei allen Neuregelungen der Gesetze (wieder einmal) mit einem Formelkompromiss umschifft wurde. Statt den Eltern eine »gewaltfreie Erziehung« vorzuschreiben, lautet das Ergebnis folgendermaßen (§ 1631 Abs. 2 BGB):

»Entwürdigende Erziehungsmaßnahmen, insbesondere körperliche und seelische Misshandlungen, sind unzulässig.«

Bisher war an dieser Stelle im Bürgerlichen Gesetzbuch nur von »entwürdigenden Erziehungsmaßnahmen« zu lesen. Was das sein könnte, blieb den Gerichten überlassen. Durch die Neuregelung des Gesetzes zum 1.07.1998 ist also nicht viel mehr passiert, als die Bestätigung der bereits bestehenden richterlichen Praxis.

Einigkeit herrschte im Parlament jedoch darüber, dass mit den hier im Erziehungsrecht als »Misshandlungen« gemeinten Taten nicht genau das gemeint ist, was bereits strafrechtlich verfolgt wird.

Eine absolut gewaltfreie Erziehung seitens der Eltern ist nicht im neuen Gesetz verankert.

Eine entwürdigende Erziehungsmaßnahme ist also eine Handlung, die zwar eine körperliche oder seelische Misshandlung ist, die aber (gerade noch) nicht strafbar ist.

Diese Beschreibung sagt jedoch wenig Konkretes aus. Deshalb macht es Sinn, jetzt einen Blick in genau die Strafgesetze zu werfen, die sich um das drehen, was der Gesetzgeber als »Missbrauch« unter Strafe gestellt hat. So können wir eine Vorstellung davon bekommen, was der Gesetzgeber wohl mit »entwürdigenden Erziehungsmaßnahmen« gemeint haben könnte.

Strafrechtlich verfolgt wird beispielsweise Folgendes:

▶ **Sexueller Missbrauch, Vergewaltigung** (§§ 174, 176, 177 StGB). Wer seinem Kind nahe kommt, um sich sexuell zu erregen oder erregen zu lassen, erfüllt bereits die entsprechenden Tatbestände. Als Vater oder Mutter steht man nun in der Zwickmühle: Einerseits will man – hoffentlich – ehrlich auf die Fragen nach der eigenen Sexualität antworten, die ein Kind schon relativ früh stellen wird. Andererseits sollen dem Kind die Grenzen gezeigt werden, an denen die eigene Sexualität der Eltern beginnt. Die Schwelle zur entwürdigenden Erziehung ist jedenfalls dort überschritten, wo jemand versucht, die Sexualität eines Kindes bewusst zu fördern und es so in eine Entwicklung hineinzustoßen, für die es allein nicht neugierig genug ist. Kommt dann sexuelles Eigeninteresse hinzu, handelt es sich in vielen Fällen auch noch um eine strafbare Handlung.

> Strafrechtliche Delikte sind sexueller Missbrauch, Vergewaltigung und Freiheitsberaubung von Kindern.

▶ **Freiheitsberaubung** (§ 239 StGB). Wer einen anderen einsperrt oder grundlos in seiner Bewegungsfreiheit einschränkt, ist möglicherweise strafbar. Dafür ist zum einen entscheidend, ob die Beschränkungen mit Gewalt durchgesetzt werden – z. B. mit der Ankündigung, dass es sonst Stockhiebe setzt, und ob zum anderen die Freiheitsentziehung widerrechtlich erfolgt. Das ist dann der Fall, wenn eine Beschränkung grundlos verhängt wird.

Beispiele: Wer seinem Kind bei Gewitterlage das Segeln verbietet, tut sicher nichts Unrechtes. Hier steht im Vordergrund, dass sich das Kind nicht in Gefahr bringen soll.

Wird einem Kind Hausarrest angeordnet, um es zum Nachdenken zu zwingen, kann das noch in Ordnung sein. Wer den Hausarrest allerdings verhängt, um sein Kind zu demütigen oder dessen Willen zu brechen, der bedient sich einer entwürdigenden Erziehungsmaßnahme.

Auch die Privatsphäre eines Kindes ist seitens der Eltern zu respektieren und zu schützen.

▶ **Körperverletzungen, Gesundheitsbeschädigung:** Das sind Schläge und Prügel, die anhaltende Schmerzen verursachen (§ 223 StGB). Oder es handelt sich um ein bewusstes Verhalten, das dazu führen kann, Krankheiten oder Verletzungen beim Kind länger als nötig zu erhalten (§ 223b StGB).

Beispiel: Der Vater sagt:»Du solltest doch nicht Fahrrad fahren; selbst schuld, wenn du hinfällst und dir das Knie aufschlägst.« Anschließend verbietet oder verhindert er zur Strafe, dass irgendjemand die Wunde säubert und einen Verband anlegt. So ein Verhalten überschreitet die Schwelle zwischen erzieherischer Härte und entwürdigender Erziehung.

▶ **Verletzung der Privatsphäre,** vor allem von vertraulichen Gesprächen, Brief- und Telefonkontakten (vgl. §§ 201, 202, 203ff. StGB): Nicht selten versuchen Eltern herauszufinden, was das Kind mit Freundinnen und Freunden bespricht. Dabei sollte man immer bedenken, dass jedes Kind ein Recht darauf hat, eine Privatsphäre zu haben. Wird die von den eigenen Eltern ständig verletzt und das Kind mit den Ergebnissen auch noch konfrontiert, handelt es sich um eine seelische Misshandlung.
Es kann sogar strafbar sein, wenn Eltern die Telefonate ihres Kindes aufzeichnen und diese Aufzeichnung später verwenden, sei es gegenüber dem Kind selbst oder gar gegenüber einem Fremden. Oder wenn sie Briefe öffnen oder auf dem Schreibtisch des Kindes liegende Post einfach lesen, ohne dass ihnen das Kind das erlaubt hat. Besser ist es, das Kind um Erlaubnis zu bitten und ihm so zu zeigen, dass seine Privatsphäre respektiert wird.
Insgesamt betrachtet, hat sich der Gesetzgeber auch mit dieser Reform des Kindschaftsrechts nicht dazu durchringen können, beispielsweise Ohrfeigen oder Gertenschläge als »erzieherische Maßnahmen« generell zu verbieten. Entsprechende Vorschläge lagen dem Parlament und dem Bundesrat vor.

Immerhin aber hat der Gesetzgeber nun durch die Ergänzung von
§ 1631 Abs. 2 BGB eines sehr deutlich werden lassen:

Erziehung funktioniert im Idealfall nicht mit körperlicher
oder seelischer Gewalt, sondern vor allem dadurch, dass dem
Kind positive Beispiele und Vorbilder gegeben werden.

Zusammenfassend lässt sich sagen: In Deutschland wird
den Eltern nicht vorgeschrieben, wie sie ihre Kinder erziehen sollen, ob autoritär oder antiautoritär. Gelegentli-
che Ohrfeigen, Taschengeld- und Ausgangssperre sind erlaubt. Aber das Gesetz ruft die Eltern dazu auf, bei der
Erziehung auf jede Form von Gewalt, Zwang und Unterdrückung zu verzichten. Eltern können wegen ihrer Erzie-
hungsweise jedoch erst dann vor Gericht zitiert werden,
wenn sie ihr Kind unmenschlich und grausam behandeln.

**Jede Form von
Gewalt, Zwang
und Unterdrückung
sollte generell
in der Kindes-
erziehung unter-
bleiben.**

3. Grundsatz: Alles andere ist Elternsache

Bis hierher sollte deutlich geworden sein, worauf Eltern – also der
oder die Sorgeberechtigte/n – immer achten müssen:
1. Auf das Recht des Kindes, sich seinen eigenen Weg durch die
   Welt zu suchen und ihn auch zu gehen. Dadurch wird das Be-
   stimmungsrecht der Eltern immer stärker beschränkt, je älter das
   Kind wird. Denn Kinder sind nicht das Eigentum der Eltern, sondern sie gehören sich selbst.
2. Bei der Suche nach dem richtigen Weg und den Entscheidungen,
   die das Kind treffen soll und muss, braucht es Hilfe und Führung.
   Diese Hilfe und Führung darf aber nicht mit roher Gewalt ausgeübt werden; tabu ist alles, was dem Kind seine menschliche
   Würde raubt. Das ist im Prinzip jedes Druckmittel, egal, ob es sich
   um etwas Geistiges wie Liebesentzug handelt oder um etwas Kör-
   perliches wie Schläge, Prügel oder Schlimmeres.
Solange diese Bedingungen eingehalten werden, dürfen die Eltern
oder der/die Sorgeberechtigte/n über alles bestimmen, was das
Kind betrifft.
Die Eltern dürfen folgende Entscheidungen allein oder – soweit der
Sprössling vernünftig genug ist – mit dem Kind gemeinsam treffen:

1. Im Rahmen der Personensorge:

a) Welche Kleidung es anzieht, wie es sich ernährt, wie oft es zum Arzt geht, wo es wohnt. Das gehört zu dem Bereich, den man als **Pflege** des Kindes ansieht.

b) Auf welche Schule es geht, wie viel es fernsehen oder lesen darf, welche Einrichtungen es außerhalb der Schule besucht. Aber auch, in welchen Glauben es hineinwächst und welche ethisch-moralischen Gesetze es befolgen soll. All das fällt in den Bereich, den das Gesetz mit dem Wort **Erziehung** umschreibt.

> **Die Personensorge der Eltern umfasst die Pflege und die Erziehung des Kindes.**

c) Ob oder wie regelmässig der Familienrat zusammentritt, wie viel Zeit das Kind außerhalb der Familie verbringen darf und womit es sich den Tag über beschäftigt. Dies gehört in den Bereich der **elterlichen Aufsicht**, die mehr eine Pflicht als ein Elternrecht ist.

d) Von jedem, der rechtlich nicht zur Personensorge berechtigt ist, können die Eltern verlangen, dass das Kind an sie herausgegeben wird.

2. Im Rahmen der Vermögenssorge:

a) Soweit das Kind nicht oder nur beschränkt geschäftsfähig ist, entscheiden die Eltern darüber, welche geschäftlichen **Vereinbarungen** es mit Dritten trifft. Verschenkt ein achtjähriges Kind zum Beispiel sein altes Dreirad an die kleine Schwester eines seiner Freunde, geht das nur mit Zustimmung der Eltern des Kindes.

b) Wie hoch das **Taschengeld** ausfällt, ist ebenfalls Sache der Eltern. Man sollte im Hinterkopf haben, dass ein Kind mit dem Taschengeld selbstständig wirtschaften lernen soll. Daher haben sich die Eltern aus Geschäften herauszuhalten, die das Kind mit seinem Taschengeld bestreitet.

c) **Geschäfte im Namen und mit Wirkung für das Kind** können Eltern abschließen. So ist es durchaus üblich, dass die Sorgeberechtigten ein Sparbuch auf den Namen des Kindes eröffnen, um ihm etwas Sicherheit und Kapital für seinen späteren Lebensweg mitzugeben.

d) Was Eltern nicht dürfen, sind **In-sich-Geschäfte**. Will ein Vater bei seinem Kind einen Kredit aufnehmen, darf er sein Kind beim Vertragsabschluss **nicht** vertreten. Wenn so ein

Geschäft aus irgendwelchen Gründen gemacht werden muss, entscheidet darüber das Familiengericht. Für solche Geschäfte kann auch ein Pfleger bestellt werden, der mit den Eltern natürlich nicht in gerader Linie verwandt sein darf. Es gibt darüber hinaus einige Arten von Geschäften, die das Familiengericht immer genehmigen muss (§ 1643 BGB). Das sind wirtschaftliche Entscheidungen der Sorgeberechtigten für ihren Sprössling, bei denen die Gefahr besteht, dass sogar die Eltern eher an ihren eigenen Vorteil denken als an den ihres Kindes. Worum es sich dabei im Einzelnen handeln kann, wird in §§ 1821, 1822 BGB aufgezählt:

▶ **Grundstücksgeschäfte** (§ 1821 BGB): Sobald die Eltern im Namen des Kindes mit Grund und Boden hantieren, muss das Familiengericht eingeschaltet werden. Ausnahme: Es handelt sich um das Aufnehmen oder Löschen einer Hypothek, einer Grundschuld oder einer Rentenlast.

> **Die Vermögenssorge beinhaltet die Betreuung in allen finanziellen Angelegenheiten.**

▶ **Vermögensverfügungen** (§ 1822 Nr. 1 BGB): Dabei handelt es sich in der Regel um Geschäfte, die das gesamte Vermögen des Kindes betreffen.

▶ **Erbschaftsangelegenheiten** (§ 1822 Nrn. 1, 2 BGB): Wenn das Kind also zum Beispiel auf einen Pflichtteil verzichten, eine Erbschaft ausschlagen oder annehmen soll, hat das Gericht ein Wort mitzureden.

▶ **Handelsgeschäfte** (§ 1822 Nrn. 3, 11 BGB): Damit sind die Geschäfte gemeint, mit denen das Kind eine GmbH eröffnen oder erwerben kann oder mit denen ihm ein Firmenanteil übertragen werden soll.

▶ **Langfristige Miet- oder Pachtverträge** (§ 1822 Nrn. 4, 5 BGB): Das Gericht entscheidet mit, wenn das Kind ein Landgut oder einen Betrieb pachten will. Soll das Kind irgendetwas anderes mieten, muss das Gericht nur dann zustimmen, wenn das Kind zum einen in regelmäßigen Abständen Miete zahlen soll und die Laufzeit des Vertrags zum anderen so lang ist, dass das Kind in der Zwischenzeit 19 Jahre alt wird.

Diese Beschränkungen erlöschen natürlich mit dem Tag, an dem das Kind volljährig wird und seine finanziellen Angelegenheiten selbst regeln kann, darf und muss. Nur haben dann die Eltern auch keine Möglichkeit mehr, im Namen des Kindes zu entscheiden.

Wenn das Sorgerecht viele Träger hat

Trotz all dieser Regelungen bleibt aber noch wenigstens eine Frage offen: Was geschieht eigentlich, wenn sich die Eltern über eine wichtige Frage nicht einigen können, obwohl sie bei gemeinsamer Sorgeberechtigung jede Entscheidung nur zusammen treffen können? Denn im Grundsatz gilt Folgendes:

> Ganz allgemein müssen die Eltern oder die Sorgeberechtigten eine Entscheidung gemeinsam treffen, sie sollen auch dem Kind gegenüber mit einer Stimme sprechen.

Können sich die Sorgeberechtigten nicht in wichtigen Erziehungsfragen einigen, kann die Hilfe des Familiengerichts beantragt werden.

Jeder weiß, dass zwei Menschen immer mal wieder unterschiedliche Meinungen haben. Es kann daher vorkommen, dass sich die Eltern über eine entscheidende Frage ab und zu nicht einigen können. Aus dieser Art von Konflikten hält sich das Gesetz so weit wie möglich heraus (§ 1627 BGB). Dort wird nur vorgeschrieben, dass die Eltern **versuchen** müssen, sich bei Meinungsverschiedenheiten zu einigen. Und sie sollten sich für die Alternative entscheiden, die das Beste für das Kind ist.

Scheitern die Einigungsversuche, kann einer der Sorgeberechtigten beim Familiengericht beantragen, dass er die Meinung des anderen übergehen darf. Das Gericht wird dann versuchen, den Eltern bei ihrem Konflikt zu helfen. Schließlich muss es ohnehin vor jeder Entscheidung prüfen, ob sich die Eltern ernsthaft bemüht haben, einen Kompromiss zu finden.

Als nächstes findet das Gericht selbst heraus, welche Entscheidung für das Kind wohl am besten wäre. Natürlich wird danach versucht, den Eltern genau diese Entscheidung nahe zu bringen. Zeigt sich aber einer der Sorgeberechtigten absolut uneinsichtig, kommt es notgedrungen zu einem Urteil.

Das Urteil läuft jedoch nie darauf hinaus, dass die Entscheidung des Gerichts an die Stelle der Elternwünsche gesetzt wird. Vielmehr sucht sich das Gericht einen der Sorgeberechtigten aus, dem die Entscheidungsbefugnis in dieser Frage allein übertragen wird. Und damit auch nichts schief geht, kann das Gericht die Entscheidungsbefugnis so stark einschränken, dass der Sorgeberechtigte nur tun darf, was – nach Auffassung des Gerichts – das Beste für das Kind ist.

Wichtig: Anders läuft es dagegen, wenn die Sorgeberechtigten bzw. die Eltern nicht zusammenleben.

Dann ist eine Einigung zwischen beiden Sorgeberechtigten nur für diejenigen Fragen und Entscheidungen notwendig, die für das Kind von **erheblicher Bedeutung** sind (§ 1687 BGB).
In Fragen, die das **tägliche Leben** des Kindes betreffen, darf aber derjenige Elternteil, bei dem das Kind vorwiegend lebt, im Normalfall ganz allein entscheiden, was das Beste für das Kind ist. Entscheidungen des täglichen Lebens sind in der Regel – das heißt: meistens, aber nicht immer – Entscheidungen, die häufig vorkommen und die keine schwer abzuändernden Auswirkungen auf die Entwicklung des Kindes haben (§ 1687 Abs. 1 Satz 3 BGB). Für die Praxis bedeutet diese Bestimmung, dass der betreuende Elternteil in alltäglichen Fragen wie zum Beispiel Kleidung, Nahrung, Hausaufgabenhilfe etc. ganz allein entscheidet.

> **In Angelegenheiten des täglichen Lebens entscheidet der Elternteil, bei dem das Kind lebt.**

Bei den selteneren und wichtigen Entscheidungen wie der Schulwahl, dem Wohnort und wohl auch der Erlaubnis, auf Klassenreisen mitzufahren, muss der andere Elternteil wenigstens um Erlaubnis gefragt werden.
Können sich die Eltern oder Sorgeberechtigten dann allerdings immer noch nicht auf eine Entscheidung einigen, kann einer von beiden das Familiengericht einschalten.
Das Familiengericht hat zusätzlich auch die Macht, gegebenenfalls die Befugnisse eines Elternteils ganz aufzuheben oder empfindlich einzuschränken.

Wichtig: Dass das Familiengericht die Rechte eines Elternteils einschränkt, muss der jeweils andere Elternteil auch wollen und entsprechend beantragen.

Von sich aus schiebt das Gericht dem gemeinsamen Sorgerecht keine Riegel vor. Und selbst wenn der Antrag eines Elternteils darauf hinausläuft, dem anderen Teil das Erziehungsrecht vollständig zu entziehen, kennt das Gericht nur einen Maßstab: das Wohl des Kindes.

WELCHE RECHTE DAS KIND GEGENÜBER SEINEN ELTERN HAT

Die Bestimmungsrechte der Eltern über ihr Kind sind ziemlich umfassend. Nur in wenigen Konfliktlagen dürfen sich Außenstehende einmischen, und dann auch nur, wenn es dem Wohl des Kindes dient. Trotzdem reichen die Elternrechte nicht weiter als bis zu der Grenze, von der an sich das Kind selbst verwirklichen darf. Um ihm das zu erleichtern, werden dem Kind einige Entscheidungen (fast) allein überlassen. Diese Grenzen des Elternrechts sollen im folgenden Kapitel genauer beschrieben werden.

Bei Umgangsrechten, Berufswahl und Taschengeld des Kindes sind den Eltern Grenzen gesetzt.

Knackpunkt Umgangsrecht

Jeder kennt die Situation von Scheidungskindern: Der Nachwuchs lebt bei einem Elternteil, zumeist bei der Mutter. Diese darf dem Kind nicht verbieten, die Beziehung zum Vater aufrechtzuerhalten. Mit der Neuregelung ist dieses Umgangsrecht zugunsten des Kindes erweitert worden. Es erstreckt sich jetzt auf alle Bezugspersonen, die im Leben des Kindes eine Rolle spielen oder gespielt haben. Im Gesetz werden ausdrücklich genannt:

▶ die Eltern, und zwar jeder Elternteil (§ 1684 BGB),
▶ die (früheren) Ehegatten eines Elternteils, mit denen das Kind zusammengelebt hat (§ 1685 Abs. 2 BGB),
▶ die Geschwister (§ 1685 Abs. 1 BGB),
▶ die Großeltern (§ 1685 Abs. 1 BGB) und
▶ die Personen, bei denen das Kind früher in Familienpflege gelebt hat (§ 1685 Abs. 2 BGB).

Das Umgangsrecht kann nur eingeschränkt werden, wenn es für das Kind besser ist, bestimmte Bezugspersonen nicht mehr zu sehen (§ 1684 Abs. 2 BGB).

Im Originalton des Gesetzes lautet die grundlegende Vorschrift – § 1626 Abs. 3 BGB – folgendermaßen:

> »Zum Wohl des Kindes gehört in der Regel der Umgang mit beiden Elternteilen. Gleiches gilt für den Umgang mit Personen, zu denen das Kind Bindungen besitzt, wenn ihre Aufrechterhaltung für seine Entwicklung förderlich ist.«

Elternpflicht: Für die Eltern ist der Umgang mit dem Kind nicht nur ein Recht, auf das man nach Belieben verzichten könnte, sondern neuerdings auch eine Pflicht (§ 1684 Abs. 1 BGB).

Dazu wird bestimmt:

1. Beide Eltern sollen alles unterlassen, was das Verhältnis zwischen dem Kind und dem anderen Elternteil belastet (§ 1684 Abs. 2 BGB). Also sollte man mit Gerüchten und Geschichten über den Expartner im Beisein des Kindes sehr vorsichtig und zurückhaltend sein.

   Klar ist, dass es sich bei dieser Vorschrift in erster Linie um einen Appell an die Eltern handelt. Es ist wohl kaum zu erwarten, dass ein Gericht Zwangsmittel verhängen wird, um eine solche Unterlassung mit Gewalt durchzusetzen.

   Zum Wohl des Kindes soll diesem der Umgang mit dem Expartner nicht erschwert werden.

2. Beide Eltern sollen alles unterlassen, was die Erziehung des Kindes erschwert (§ 1684 Abs. 2 BGB). Damit drückt das Gesetz den Wunsch aus, dass sich beide Eltern nach wie vor an der Erziehung beteiligen.

   Nicht selten kommt es vor, dass der betreuende Elternteil die Rolle des Buhmanns übernimmt, weil sämtliche Gebote und Verbote von ihm ausgehen, während der andere Teil die Gönnerrolle spielt. Klar, dass das Kind seine Sympathien dann ungerecht verteilt.

Praktische Folgen können diese Verhaltensregeln jedoch nur haben, wenn einer der Sorgeberechtigten seine Rolle gegenüber dem Kind bewusst dazu nutzt, den anderen auszubooten.

Beispiel: Die Mutter verbietet dem Kind nach einem Unfall das Fahrradfahren bis auf weiteres, weil sie befürchten muss, dass der Beinbruch noch nicht vollständig ausgeheilt ist. Der Vater aber hintertreibt das Verbot, indem er ein neues Kinderfahrrad kauft. Das wäre eine Maßnahme, die es der Mutter fast unmöglich machen würde, das Verbot durchzusetzen. So ein Verhalten widerspricht dem Geist des § 1684 Abs. 2 BGB und kann vom Gericht untersagt werden.

Berufsausbildung

Eine Entscheidung, die den gesamten Lebensweg des Kindes beeinflussen wird, ist die Berufswahl. Die Eltern sind gesetzlich (§ 1631a BGB) verpflichtet, auf das Rücksicht zu nehmen, was
1. **das Kind sich selbst vorstellt**. Wenn das Kind sich für einen Handwerksberuf begeistert, dürfen die Eltern es nicht zum Studium zwingen. Will zum Beispiel die Tochter einen Kfz-Beruf erlernen, dürfen die Eltern nicht einfach einen Lehrvertrag als kaufmännische Angestellte beim nahe gelegenen Opel-Vertragshändler anbahnen. Das Kind sollte hier das letzte Wort haben.
2. **den Fähigkeiten des Kindes am ehesten entspricht**. Es darf nicht dazu kommen, dass die Eltern sich für einen Buchhalterposten einsetzen, wenn das Kind zeitlebens an Konzentrationsschwäche leidet. Oder man stelle sich vor, dass die Eltern ein körperlich schwaches Kind in eine Maurerlehre zwingen.

Im Zweifel sollten sich die Eltern mit Lehrern oder Ausbildern des Kindes zusammensetzen und mit diesen Fachleuten besprechen, für welchen Beruf sich der Sprössling am ehesten eignet.

Interessante Berufsbildungsangebote halten vor allem die örtlichen Arbeitsämter bereit. So gibt es in vielen Städten so genannte Berufsinformationszentren, in denen man sich mit Informationsmaterial über die unterschiedlichsten Berufsbilder eindecken kann. Wenn das nicht reicht, kann man dort auch eine individuelle Berufswahlberatung bekommen. Leider sind diese Stellen oft heillos überbelastet. Es empfiehlt sich daher, den Beratungstermin schon möglichst früh zu vereinbaren.

> **Der Berufswunsch des Kindes ist zu respektieren und entsprechend zu unterstützen.**

Natürlich ist es für Außenstehende schwer festzustellen, ob Eltern oder ihre Kinder bei der Berufswahl Fehler machen. Das Gesetz beschränkt sich mit § 1631a BGB deshalb darauf, ein Ideal zu definieren und einzufordern. Verstöße gegen dieses Ideal lassen sich jedoch kaum korrigieren.

Immerhin gibt es für die wirklich außergewöhnlichen Situationen eine Notbremse, die zum Beispiel das Kind ziehen kann. Dazu muss allerdings eine ganze Latte von Voraussetzungen erfüllt sein. Erst wenn alle erfüllt sind, kann das Familiengericht die Eltern stoppen und eine eigene Entscheidung zugunsten des Kindes treffen. Nach § 1631a Abs. 2 BGB gilt:

Nehmen die Eltern **offensichtlich keine** Rücksicht auf die Fähigkeiten des Kindes, und ist **deshalb** zu **befürchten,** dass die **Entwicklung** des Kindes **schwer und nachhaltig behindert** wird, kann das Familiengericht die Entscheidung der Eltern aufheben und durch ein Urteil ersetzen. So zum Beispiel die Zustimmung der Eltern zu einem Arbeits- oder Ausbildungsvertrag, der bei Minderjährigen ohne die Unterschrift der Eltern nicht wirksam wäre. Es reicht also nicht aus, wenn sich Eltern und Kind nicht einigen können. Es muss vielmehr ganz offensichtlich sein, dass die Eltern die Vorstellungen des Kindes ignorieren, indem sie beispielsweise mit dem Kind überhaupt nicht besprechen, wo tatsächlich seine eigenen Vorlieben und Interessen liegen. Doch noch nicht einmal das reicht aus. Zusätzlich muss das, was die Eltern unternehmen oder unterlassen, für die künftige Entwicklung des Kindes schwere und dauerhafte Nachteile bedeuten. In der Summe aller Voraussetzungen kommt eine gerichtliche Entscheidung wohl nur dann infrage, wenn das Verhältnis zwischen Eltern und Kind ohnehin bereits in Trümmern liegt.

> **Handeln die Eltern den Berufsambitionen des Kindes zuwider, kann ihre Entscheidung vom Gericht aufgehoben werden.**

Taschengeld

Ob und – wenn ja – wie viel Taschengeld ein Kind bekommt, ist grundsätzlich Sache der Eltern. Taschengeld steht den Kindern – sofern es gezahlt wird – zur eigenen Verwaltung zur Verfügung. Sie können und sollen damit machen, was sie für richtig halten. Pädagogisch sinnvoll ist Taschengeld für folgende Erziehungsziele:

▶ (Fast) Jede Vergnügung kostet Geld. Lernziel: Geld ist wichtig, weil es dabei hilft, das eigene Leben zu gestalten.

▶ Ist das Taschengeld ausgegeben, steht es für andere Zwecke nicht mehr zur Verfügung. Lernziel: Es müssen Prioritäten gesetzt werden.

▶ Was mit dem Taschengeld gekauft bzw. konsumiert wird, ist allein Sache des Kindes. Lernziel: Verantwortung für eigene Entscheidungen zu übernehmen.

Schließlich gilt: Haushalten und Wirtschaften kann man nur durch ständige Übung lernen, wobei das Kind die Konsequenzen am eigenen Leib bzw. Geldbeutel spüren muss.

Wer nicht frühzeitig lernt, mit Geld umzugehen, wird es später lernen müssen. Während das Kind noch zu Hause wohnt, gefährden seine Fehler nicht den Lebensunterhalt, sondern höchstens sein eigenes Wohlbefinden. Das ist später ganz anders. Ein Haushaltsvorstand, der den Umgang mit Geld nicht gelernt hat, könnte später eine ganze Familie ins wirtschaftliche Elend reißen. Um diese Gefahr zu mindern, sollte man einem Kind Taschengeld geben. Dabei ist aber auf Folgendes zu achten:

Taschengeld bietet die Möglichkeit, den Umgang mit Geld sinnvoll zu erlernen.

▶ Am Anfang müssen die **Zeiträume**, für die das Taschengeld reichen soll, ziemlich **kurz** sein. Ein Kind wäre normalerweise überfordert, wenn es mit seinem ersten Geld einen ganzen Monat lang auskommen soll. Empfehlenswert ist es daher, das Taschengeld zunächst einmal nur für eine Woche auszuzahlen und diesen Zeitraum immer weiter zu steigern, soweit das Kind mit dieser Zahlungsweise zurechtkommt.

▶ Die Eltern müssen sich aus den **Geschäften heraushalten**, die das Kind mit dem Taschengeld bestreitet. Insoweit hat der Taschengeldparagraph (§ 110 BGB) eine Doppelfunktion: Er schützt sowohl die Vertragspartner des Kindes wie auch das Kind selbst vor dem Einfluss der Eltern. Bedenken Sie, dass ein Kind nichts aus seinen Fehlern lernen kann, wenn die Eltern alle seine Fehler nachträglich ausbügeln. Wenigstens sollte man dem Kind die Chance geben, den Eltern zu erklären, was es aus welchen Gründen gekauft hat.

▶ Schließlich muss das Kind seine **Erfahrungen selbst machen** und mit den Konsequenzen seiner Entscheidungen leben lernen. Nur unter ungewöhnlich ernsten Umständen sollten die Eltern außer der Reihe zusätzliches Geld herausrücken. Ist beispielsweise mit dem Kind vereinbart, dass es mit seinem Taschengeld auch den kleineren Schulbedarf selbst besorgen muss, darf man sich nicht erweichen lassen, für das Kind Tintenpatronen einzukaufen. Ist das Taschengeld bereits verbraucht, muss das Kind eben bis zur nächsten Zahlung einen Kugelschreiber verwenden.

Fernziel ist es, dem Kind immer mehr Verantwortung zu übertragen, bis es für sich selbst wirtschaften und auf eigenen Füßen stehen kann. Dazu muss das Taschengeld im Lauf der Jahre immer mehr werden, bis das Elternhaus schließlich nur noch Wohnung und Nahrung garantiert.

Es wird allgemein empfohlen, die Höhe des monatlichen Taschengelds am Regelbedarf (nach der entsprechenden Verordnung von 1998, BGBl. I S. 668, gültig bis 1.07.1999) für den Lebensunterhalt eines Kindes zu orientieren, und zwar nach folgenden Sätzen:

Altersstufe	Regelbedarf	Taschengeld in % und DM pro Monat	
bis 6 Jahre	349,00 DM	1 %	ca. 3,50 DM
bis 12 Jahre	424,00 DM	1–5 %	4,25–21,20 DM
bis 18 Jahre	502,00 DM	5–10 %	25,10–50,20 DM

Anhaltspunkte für das, was üblich ist (da hören Kinder üblicherweise immer viel höhere Beträge als ihre Eltern), liefern auch z. B. die vom Beratungsdienst der Sparkassen aufgestellten Beträge und Zahlungszeiträume. Gerade die sollte man beachten, denn jüngere Kinder sind noch nicht in der Lage, sich das Geld über einen Monat einzuteilen, also macht die wöchentliche Zuteilung mehr Sinn.

Altersstufe	Taschengeldbetrag und Zahlungszeitraum
bis 6 Jahre	bis 1 DM wöchentlich
6–7 Jahre	2 bis 5 DM wöchentlich
8–9 Jahre	3 bis 6 DM wöchentlich
10–11 Jahre	etwa 25 DM monatlich
12–13 Jahre	etwa 35 DM monatlich
14–15 Jahre	etwa 45 DM monatlich
16–18 Jahre	60 bis 80 DM monatlich

Wer es sich leisten kann, für ein Kind mehr aufzuwenden, als in der Tabelle eingetragen ist, sollte sich zumindest in etwa an den Prozentsätzen orientieren, die in der oben stehenden Tabelle in Spalte »Taschengeld in % und DM pro Monat« angegeben sind.
Als Vater oder Mutter sollte man auch nicht vergessen, dass unter Jugendlichen ein gnadenloser Wettstreit herrscht, der sich oft an der Markenkleidung oder anderen Statussymbolen festmacht.

»Haste nix, biste nix«, gilt leider unter Kindern und Jugendlichen mindestens genauso stark wie bei den Erwachsenen. Man kann sein Kind ganz schnell zum Außenseiter machen, indem man ihm viel weniger oder viel mehr zur Verfügung stellt, als die Altersgenossen und Klassenkameraden aufbringen können. Sie haben richtig gelesen: Auch viel mehr ist nicht unbedingt förderlich!

KINDER KOSTEN GELD

Der Unterhalt für ein Kind besteht aus mindestens zwei Bausteinen:
▶ Zum einen muss das Kind betreut, erzogen und seelisch versorgt werden. Das heißt: Kinder machen Arbeit.
▶ Zum anderen muss das Kind angezogen, ernährt und auch ansonsten finanziell unterhalten werden. Das heißt: Kinder kosten Geld. Unterhaltspflichtig sind immer beide Elternteile oder Sorgeberechtigten. Solange sie zusammenleben, gibt es keinen Stress mit dem Kindesunterhalt.

> **Der materielle Unterhalt eines Kindes muss von beiden Elternteilen bestritten werden.**

Anders ist es nach einer Trennung. Dann gibt es einen Elternteil, der sich tagein, tagaus um das Kind kümmert. Dieser Elternteil erfüllt den Unterhaltsanspruch des Kindes also durch Arbeit. Während der andere Elternteil das Kind gelegentlich sehen darf oder muss, darüber hinaus aber keine Arbeit mit ihm hat. Dieser andere Elternteil muss seinen Unterhalt in Bargeld aufbringen, er ist barunterhaltspflichtig.

Das braucht ein Kind: Barunterhalt

Wie viel Barunterhalt ein Kind mindestens braucht, wird seit dem 6. April 1998 durch die Regelbetrag-Verordnung festgelegt (BGBl. I S. 668, Art. 2 des Kindesunterhaltsgesetzes). Die Regelbetrag-Verordnung gilt im Grundsatz nur für minderjährige Kinder, die mit den Eltern zusammenleben.
Die einzige Ausnahme von diesem Geltungsbereich sind Kinder, die schon während der Regelschulausbildung volljährig werden – weil sie beispielsweise auf dem Weg zum Abitur ein-, zweimal das Klassenziel nicht erreicht haben. Damit die Ausnahme greift, müssen die bereits volljährigen Kinder noch bei den Eltern wohnen und dürfen nicht älter als 21 Jahre sein.

Die Neuregelung des Kindesunterhalts verfolgt in der Hauptsache drei Ziele:
1. Der Unterhalt für das oder die Kind/er soll bundeseinheitlich geregelt werden.
2. Eheliche wie nicht eheliche Kinder sollen die gleichen Sätze bekommen.
3. Die Unterhaltsbeträge sollen automatisch mit der Preisentwicklung steigen.

Heute sieht der Regelunterhalt (Mindestsätze) für ein Kind folgendermaßen aus:

Altersstufe	Regelbedarf (West)	Regelbedarf (Ost)
bis 6 Jahre	349 DM	314 DM
bis 12 Jahre	424 DM	380 DM
bis 18 Jahre	502 DM	451 DM

Oben stehende Regelbeträge sollen im Zweijahreszyklus an die Preisentwicklung angepasst werden, erstmals zum 1. Juli 1999 (§ 1612a BGB). Man hat sie an die Steigerungsraten der gesetzlichen Rentenversicherung gekoppelt.

Weiter können jetzt – anders als früher – auch nicht eheliche Abkömmlinge verlangen, dass ihr Unterhaltsanspruch in Prozenten des Regelbetrags ausgedrückt wird. Mit jeder Erhöhung des Regelbetrags steigt dann automatisch der Unterhaltsanspruch.

Der Regelunterhalt, d. h. die Mindestsätze für den Kindesunterhalt sind in drei Altersstufen unterteilt: bis 6, bis 12 und bis 18 Jahre.

Das hat den großen Vorteil, dass ein Familiengericht über den Unterhaltsanspruch im Prinzip nur einmal entscheiden muss, nämlich um den Prozentsatz festzulegen, der zum Einkommen und zum Lebensstandard der Familie passt.

Früher wurde von den nicht ehelichen Kindern erwartet, dass sie alle paar Jahre aufs Neue vor Gericht zogen, um ihren Unterhaltsanspruch an die geänderten Verhältnisse und an ihren Bedarf anzupassen.

Die Düsseldorfer Tabelle: So wendet man sie an

Durch die Neuregelung des Unterhaltsrechts zum 1.07.1998 ist die Düsseldorfer Tabelle noch lange nicht überflüssig geworden. Während es der Regelbetrag-Verordnung darum geht, Mindestbeträge festzulegen, geht die Düsseldorfer Tabelle weit darüber hinaus. Einige Situationen werden nämlich vom gesetzlichen Kindesunterhaltsrecht überhaupt nicht erfasst. Zum Beispiel:

▶ Unterhalt für volljährige Kinder, die in einer Ausbildung stecken und nicht zu Hause wohnen. Unter Umständen hat das Kind dann einen Anspruch auf Leistungen nach dem Bundesausbildungsförderungsgesetz (BAföG). Soweit das Kind BAföG-Leistungen erhält, geht der Unterhaltsanspruch des Kindes auf die BAföG-Stelle über.

▶ Kinder mit mehr als 21 Lebensjahren, die noch in der Ausbildung stecken. Auch hier sollte man sich bei knapper Haushaltskasse schlau machen, ob nicht eine Förderung nach dem BAföG infrage kommt.

Und schließlich muss ja noch die Frage beantwortet werden, in welchem Umfang man die besser verdienenden Unterhaltpflichtigen zur Ader lassen darf – die Regelbetrag-Verordnung legt schließlich nur Mindestsätze fest.

Die Regelbetrag-Verordnung legt die Mindestsätze fest, die Düsseldorfer Tabelle alles, was darüber hinausgeht.

Dabei handelt es sich bei der Düsseldorfer Tabelle eigentlich nur um einen Erlass des jeweiligen Gerichtsbezirks. So kann es vorkommen, dass Kinder mit vergleichbaren Lebensumständen in verschiedenen Gerichtsbezirken abweichende Unterhaltsansprüche haben, obwohl die Gerichte in den alten Bundesländern die Düsseldorfer Tabelle im Großen und Ganzen unverändert übernommen haben. Will ein Amts- oder Landgericht von den Sätzen abweichen, die das jeweils zuständige Oberlandesgericht für seinen Bezirk festgelegt hat, müssen jedoch besondere Umstände vorliegen. Das Gleiche gilt natürlich erst recht für die Betroffenen: Will der Unterhaltspflichtige weniger zahlen, als in der Tabelle vorgesehen ist, muss er das ausführlich begründen. Umgekehrt gilt: Verlangt der Unterhaltsberechtigte mehr als vorgesehen, muss er schon besondere Umstände geltend machen und gegebenenfalls beweisen.

Die Düsseldorfer Tabelle in Zahlen				
Netto-einkommen	Bis 6 Jahre	6–12 Jahre	12–18 Jahre	Voll-jährig
bis 2.400 DM	349 DM	424 DM	502 DM	580 DM
2.400–2.700 DM	374 DM	454 DM	538 DM	621 DM
2.700–3.100 DM	398 DM	484 DM	573 DM	662 DM
3.100–3.500 DM	423 DM	514 DM	608 DM	702 DM
3.500–3.900 DM	447 DM	543 DM	643 DM	743 DM
3.900–4.300 DM	471 DM	570 DM	677 DM	783 DM
4.300–4.700 DM	496 DM	603 DM	713 DM	824 DM
4.700–5.100 DM	524 DM	636 DM	753 DM	870 DM
5.100–5.800 DM	559 DM	679 DM	804 DM	928 DM
5.800–6.500 DM	594 DM	721 DM	854 DM	986 DM
6.500–7.200 DM	629 DM	764 DM	904 DM	1.044 DM
7.200–8.000 DM	664 DM	806 DM	954 DM	1.102 DM
über 8.000 DM	Einzelfallentscheidung des Gerichts			

Mit Nettoeinkommen ist hier normalerweise der Betrag gemeint, der dem unterhaltspflichtigen Elternteil nach Abzug der Steuern verbleibt. Anders als vor dem Finanzamt können dabei die Aufwendungen beispielsweise für Sozialversicherungen und andere regelmäßige Lasten nicht abgezogen werden.

Der Düsseldorfer Tabelle liegt ein Nettoeinkommen nach Steuern zugrunde, unter Berücksichtigung berufsbedingter Aufwendungen.

Das eigene Fleisch und Blut darf vom berufstätigen Elternteil nämlich erwarten, dass dieser buchstäblich sein letztes Hemd für den Nachwuchs opfert. Die sonst üblichen Pfändungsfreigrenzen gelten hier nicht. Beim Nettoeinkommen werden nur berufsbedingte Aufwendungen berücksichtigt. Das geschieht normalerweise in Form einer Pauschale von fünf Prozent des Einkommens. Diese Pauschale beträgt mindestens 90 DM, bei geringfügiger Teilzeitarbeit auch weniger, höchstens beträgt sie 260 DM. Sind die Aufwendungen höher, müssen sie einzeln nachgewiesen werden.

Billiger als oben aufgelistet kommt der Unterhaltspflichtige weg, wenn das Kind bereits über eigenes Einkommen verfügt. So wird beispielsweise eine Ausbildungsvergütung zum Teil angerechnet. Dem Azubi müssen von seinem Lohn jedoch mindestens 150 DM verbleiben, alles andere steht den Eltern für Kost und Logis zu. Das gilt natürlich nur, solange das Kind noch zu Hause wohnt.

Um den Unterhaltszahler nicht über Gebühr zu belasten, wird jedem Einkommen ein Bedarfskontrollbetrag gegenübergestellt.

Klar ist jedenfalls, dass die Beträge der Düsseldorfer Tabelle nur für eine deutsche Normalfamilie mit bis zu zwei Kindern gelten können, sonst bliebe dem Unterhaltspflichtigen ja nicht einmal mehr genug Geld übrig, um sich eine Luftmatratze im Sozialamt zu mieten. Es muss nach der Unterhaltszahlung ein Rest übrig bleiben. Dieser Rest wird von der Düsseldorfer Tabelle Bedarfskontrollbetrag genannt. Das sieht in der Übersicht folgendermaßen aus:

Der Kontrollbetrag – so viel bleibt dem Unterhaltszahler von seinem Nettoeinkommen

Nettoeinkommen	Kontrollbetrag	Maximale Unterhaltslast
Bis 2.400 DM	(*) 1300/1500 DM	900/1.100 DM
2.400–2.700 DM	1.600 DM	800–1.100 DM
2.700–3.100 DM	1.700 DM	1.000–1.400 DM
3.100–3.500 DM	1.800 DM	1.300–1.700 DM
3.500–3.900 DM	1.900 DM	1.600–2.000 DM
3.900–4.300 DM	2.000 DM	1.900–2.300 DM
4.300–4.700 DM	2.100 DM	2.200–2.600 DM
4.700–5.100 DM	2.200 DM	2.500–2.900 DM
5.100–5.800 DM	2.350 DM	2.750–3.450 DM
5.800–6.500 DM	2.500 DM	3.300–4.000 DM
6.500–7.200 DM	2.650 DM	3.850–4.550 DM
7.200–8.000 DM	2.800 DM	4.400–5.200 DM
über 8.000 DM	Einzelfallentscheidung	

Anmerkung (*): In der ersten Zeile gilt ein Kontrollbetrag von 1.300 DM für einen nicht erwerbstätigen (also z. B. arbeitslosen) und einer von 1.500 DM für einen arbeitenden Unterhaltszahler.

Arbeitslos ist beim Unterhalt nicht gleich arbeitslos: Wer Arbeitslosengeld bezieht, bleibt unterhaltspflichtig, wer Arbeitslosenhilfe kriegt, dagegen nicht. Grund: Arbeitslosenhilfe ist eine Sozialleistung. Man geht davon aus, dass Arbeitslosenhilfe nur in dem Maße gewährt wird, wie es dem Bedarf des Empfängers entspricht – sie deckt sozusagen gerade den Selbstbehalt.

Reicht das Nettoeinkommen nicht für alle unterhaltsberechtigten Kinder aus, wird der verfügbare Betrag möglichst gerecht auf alle Sprösslinge verteilt. Das kann zu komplizierten Berechnungen führen, aber das knobeln die Juristen mit einem Taschenrechner unter sich aus. Muss vom Nettoeinkommen neben den Kindern auch ein Exgatte unterhalten werden, versucht man den angemessenen Kindesunterhalt dadurch zu finden, dass man die Sätze aus einer niedrigeren Einkommensklasse anwendet. Lässt die Summe aller Unterhaltspflichten dann immer noch weniger übrig, als im Kontrollbetrag vorgesehen ist, geht es eine weitere Stufe runter. Und zwar so lange, bis der zum Einkommen passende Kontrollbetrag nicht mehr überschritten wird.

Bei mehreren unterhaltsbedürftigen Kindern wird der verfügbare Betrag unter diesen aufgeteilt.

Für den Unterhaltspflichtigen hat die Düsseldorfer Tabelle immerhin den Vorteil, dass es sich für ihn trotz der Belastung durch den Kindesunterhalt noch lohnt, weiter arbeiten zu gehen. Denn mit dem Nettoeinkommen steigt nicht nur die Unterhaltslast, sondern auch der Selbstbehalt. Nur eben nicht ganz so schnell wie ohne die Unterhaltspflichten.

Betreuungsunterhalt – Unterhalt für den, der die Arbeit hat

Wer Kinder betreut, kann nicht voll arbeiten gehen. Je jünger das Kind, desto mehr Betreuung braucht es. Geht es zur Grundschule, kann vom betreuenden Elternteil in den meisten Fällen zumindest ein Halbtagsjob erwartet werden. Wird das Kind etwa 14 Jahre alt, ist in der Regel eine Vollzeitstelle möglich. Und ist das Kind schließlich 16 Jahre oder älter, müssen schon ganz außergewöhnliche Umstände vorliegen, um glaubhaft zu machen, dass der betreuende Elternteil wegen des Kindes nicht arbeiten gehen kann.

⚡ Blitzübersicht zum Betreuungsunterhalt

Zeitraum	Wer an wen zahlt	Wie viel
6 Wochen vor bis 8 Wochen nach der Entbindung	Vater an die Mutter (§ 1615l Abs. 1 BGB)	Vollständig
16 Wochen vor bis 3 Jahre nach der Geburt	Vater an die Mutter. Voraussetzung: Das Kind lebt bei der Mutter, und die kann ▶ wegen einer schwangerschaftsbedingten **Krankheit** nicht oder nur zum Teil arbeiten gehen, ▶ oder sie kann wegen der **Pflege und Erziehung** des Kindes nicht berufstätig sein (§ 1615l Abs. 2 BGB).	Vollständig, aber unter Umständen Arbeitspflicht
Bis 3 Jahre nach der Geburt	Mutter an den Vater. Voraussetzung: Das **Kind lebt beim Vater** und braucht so viel **Pflege und Erziehung**, dass er nicht berufstätig sein kann (§ 1615l Abse. 2, 5 BGB).	Vollständig, aber unter Umständen Arbeitspflicht
3 und mehr Jahre nach der Entbindung	Der nicht betreuende Elternteil an den anderen, bei dem das Kind lebt (§ 1615l Abse. 2, 5 BGB) Voraussetzung: Für das Kind hätte es **extrem nachteilige** Folgen, wenn der Betreuungsunterhalt entfallen würde.	Nur in Ausnahmefällen, so viel, wie gebraucht wird.

Für den Unterhaltspflichtigen bedeuten diese einfachen Regeln, dass er nach einer Trennung vom Partner nicht nur das (gemeinsame?) Kind unterhalten muss, sondern zusätzlich noch den oder die Ehemalige. Und zwar in dem Maß, wie er oder sie sich wegen des Kindes nicht allein unterhalten kann.

Bis fast zur Volljährigkeit des Kindes muss vor allem der geschiedene Ehegatte zahlen, nicht so der Partner einer nicht ehelichen Lebensgemeinschaft, in der ein Kind geboren wurde (§ 1570 BGB).

Für Vater oder Mutter, die nicht miteinander verheiratet sind, ist die Pflicht zum Betreuungsunterhalt in der Regel nach längstens drei Jahren vorüber. Entscheidend ist dabei sowohl bei Kindern aus einer geschiedenen Ehe als auch aus einer gescheiterten Lebensgemeinschaft, wie hoch der Betreuungsbedarf ist. Der hängt von folgenden Faktoren ab:

▶ Anzahl der Kinder – je mehr Kinder, desto höher der Betreuungsbedarf.

▶ Alter des Kindes oder der Kinder – je älter die Kinder, desto niedriger der Betreuungsbedarf.

▶ Entwicklungsstand oder Gesundheit des Kindes oder der Kinder. Ist ein Kind chronisch krank oder nicht normal entwickelt, kann es mehr Betreuung benötigen als ein gesundes und normal entwickeltes Kind im gleichen Alter. Hier muss der betreuende Elternteil allerdings nachweisen, dass das Kind wirklich mehr Pflege braucht, als altersentsprechend zu erwarten wäre.

Behinderte Kinder benötigen mehr Betreuung, so dass der Betreuungsunterhalt unter Umständen länger gezahlt werden muss.

▶ Erwerbsmöglichkeiten des Unterhaltsempfängers – nicht jeder Ausbildungsberuf kann ohne weiteres in Teilzeit ausgeübt werden, abgesehen davon, dass man eine solche Stelle erst einmal finden müsste. Hier muss der Unterhaltsempfänger jedoch nachweisen können, dass er sich ernsthaft um eine geeignete Stelle bemüht hat.

Außerdem muss begründet werden, warum man sich nicht um Jobs bemüht hat, die ein wenig unter der eigenen Qualifikation liegen. Hier finden die Gerichte viel Spielraum für eine Abwägungsentscheidung.

Anrechnung von Kindergeld

Kindergeld und ähnliche Leistungen reichen für den Unterhalt eines Kindes nicht aus, aber sie tragen dazu bei, dass die Mehrausgaben von Eltern zumindest teilweise aufgefangen werden. Es wäre ungerecht, an dieser Regel zu Lasten eines unterhaltspflichtigen Elternteils etwas zu ändern.

Also müssen sich Kindergeld und ähnliche Leistungen auf den Betrag auswirken, den die Eltern ihrem Kind als Unterhalt schulden. In den verschiedenen denkbaren Konstellationen geschieht das folgendermaßen:

▶ Sieht der unterhaltspflichtige Elternteil kein Kindergeld, weil es vollständig beim anderen bleibt, der das Kind betreut, wird es vom Unterhalt zur Hälfte abgezogen (§ 1612b Abs. 1 BGB). Insgesamt haben dann beide Eltern die Hälfte des Kindergelds bekommen.

▶ Sieht nur der unterhaltspflichtige Elternteil das Kindergeld, wird die Hälfte davon auf seinen Unterhaltsbetrag aufgeschlagen (§ 1612b Abs. 2 BGB). Er zahlt dann zusätzlich zum normalen Unterhalt die Hälfte des Kindergelds an den anderen Elternteil, der das Kind betreut.

▶ Sieht der unterhaltspflichtige Elternteil kein Kindergeld, obwohl nur er einen Anspruch darauf hat, wird es vollständig angerechnet (§ 1612b Abs. 3 BGB). Das kann vorkommen, wenn das Kind bei jemandem wohnt, der nicht Mutter oder Vater des Kindes ist.

▶ Das Kindergeld wird nur dann und nur in dem Maß auf den Kindesunterhalt angerechnet, wie es für gemeinsame Kinder gezahlt wird (§ 1612b Abs. 4 BGB). Schließlich soll der Unterhaltspflichtige nur von den Kindern profitieren, an denen er beteiligt war. Und nicht etwa auch von den anderen, für die er auch keinen Unterhalt zahlen muss.

> **Ergebnis:** Kindergeld für gemeinsame Kinder wird so aufgeteilt, dass jeder Elternteil die Hälfte davon bekommt.

Wenn alle Stricke reißen: Unterhalt unter Verwandten

Dass sich Verwandte und Eheleute, Eltern und Kinder in Notlagen gegenseitig helfen, ist eine Selbstverständlichkeit (oder sollte eine sein). Ist die Familie – als Kernbaustein unserer Gesellschaft – jedoch zerrüttet und zerstritten, wird das Selbstverständliche leider oft vergessen.

Auch die nähere Verwandtschaft kann hinsichtlich Unterhaltszahlungen herangezogen werden.

Spätestens, wenn der Bedürftige zum Sozialamt geht, um »Hilfe in besonderen Lebenslagen« zu beantragen, hat diese besondere Form der Amnesie (Gedächtnisverlust) ein Ende. Plötzlich sehen sich die Angehörigen einem verhältnismäßig uneinsichtigen Gegner ausgesetzt, der in Unterhaltsfragen völlig emotionslos Zwangsmaßnahmen ergreift, wenn einer nicht zahlen will.

Außerdem ist leicht einzusehen, dass die Leistungsfähigkeit eines Unterhaltspflichtigen irgendwann an ihre Grenze kommt. Dann können nicht alle Bedürftigen aus der Familie mit dem versorgt werden, was sie in der Not brauchen. Die Gesetze versuchen, diese Erkenntnisse in allgemeine Regeln zu pressen, damit man sich darauf einstellen kann.

> **Wichtig:** Im Grundsatz sind Verwandte in gerader Linie verpflichtet, einander bei Bedarf Unterhalt zu gewähren.

Das heißt, die Eltern müssen Not leidende Kinder, Kinder ihre Not leidenden Eltern unterstützen (§§ 1601, 1602 BGB). Auf die Großeltern – die natürlich auch in aufsteigender Linie verwandt sind – kann jedoch nur zurückgegriffen werden, wenn der in Not Geratene keine eigenen Kinder hat oder die nicht in der Lage sind, Unterhalt zu zahlen (§§ 1606 Abs. 1, 1607 BGB). Diese Unterhaltspflichten lassen sich in folgende **Faustregeln** packen:

Unterhaltspflichten bestehen zwischen Eltern und Kindern sowie zwischen nahen Verwandten und den Kindern.

▶ Eltern zahlen für Not leidende Kinder, Kinder zahlen für Not leidende Eltern (§ 1601 BGB).

▶ Unter mehreren Verwandten zahlen die näheren, bei gleich nah Verwandten zahlen alle, und zwar anteilig nach ihrer jeweiligen wirtschaftlichen Leistungsfähigkeit (§ 1606 Abse. 2, 3 BGB).

▶ Man muss nur so viel zahlen, dass ein angemessener eigener Lebensunterhalt noch möglich bleibt (Ausnahme: Eltern gegenüber minderjährigen und unverheirateten Kindern – § 1603 BGB).

▶ Kann der unterhaltspflichtige Verwandte nicht zahlen, ohne dadurch seinen eigenen Lebensunterhalt zu gefährden, muss der rangnächste Verwandte einspringen (§ 1607 BGB).

> **Wichtig:** Bevor die Verwandten zur Kasse gebeten werden, ist zunächst einmal der Ehegatte des oder der Bedürftigen an der Reihe (§ 1608 BGB).

Solange der Ehegatte ohne Gefahr für seine eigene Existenz den nötigen Unterhalt zahlen kann, bleiben die Verwandten aus der Schusslinie. Geht es ihm allerdings finanziell genauso schlecht wie seinem Not leidenden Partner, bleibt er fürs Erste von der Unterhaltspflicht verschont, und die Verwandten müssen bluten.

Mehrere Unterhaltspflichten

Wie die vorhergehenden Abschnitte gezeigt haben, gibt es viele Gründe, aus denen jemand zum Unterhalt gegen seine Kinder, den anderen Elternteil und gegen Enkel oder Eltern verpflichtet werden kann. Irgendwann ist aber eine Grenze erreicht, und das verfügbare Einkommen reicht nicht mehr für alle Unterhaltsberechtigten aus.

Der Selbstbehalt für den Unterhaltspflichtigen wächst mit der verwandtschaftlichen Entfernung.

Dann muss nur für diejenigen gezahlt werden, die man sich leisten kann. Gibt es Unterhaltspflichten im Rang eins, kriegen die folgenden Ränge nichts ab – sofern das Einkommen nicht für alle reicht. Im Einzelnen sieht die Unterhaltsrangfolge folgendermaßen aus:

▶ Die eigenen, minderjährigen und unverheirateten Kinder. Auf dieser höchsten Stufe steht auch der Ehegatte.

▶ Nach einer Scheidung oder Annullierung der Ehe rutscht der Ex-partner auf Rang zwei.

▶ Es folgen die anderen Kinder, also die volljährigen oder verheirateten.

▶ Weiter geht es mit den Enkeln und Urenkeln.

▶ Schließlich sind die eigenen Eltern, Großeltern und andere Verwandte der aufsteigenden Linie an der Reihe. Dabei gehen die näheren Verwandten den entfernteren vor.

Die Frage, ob die Einkünfte für alle Unterhaltsberechtigten ausreichen oder nicht, ist unter anderem von der Art der Unterhaltspflicht abhängig. Denn je tiefer die Unterhaltsberechtigten in dieser Rangfolge stehen, desto höher ist der angemessene Selbstbehalt für den Unterhaltspflichtigen. Wie niedrig er zum Beispiel gegenüber minderjährigen, unverheirateten Kindern ist, können Sie in der Düsseldorfer Tabelle in der Rubrik »Kontrollbetrag« nachlesen.

Wer übrigens glaubt, seinen Unterhaltspflichten dadurch entkommen zu können, dass er seinen Job aufgibt oder sich sonst so verhält, dass sein verfügbares Einkommen plötzlich sinkt, wird sich wundern. In diesen Fällen pflegen die Gerichte die Unterhaltspflicht darauf abzustellen, was vorher verdient wurde – sie unterstellen dem Unterhaltspflichtigen ein »fiktives« Einkommen und bemessen den Unterhalt entsprechend.

Kann er nicht zahlen, darf gepfändet werden. Und in all dieser Zeit bildet sich aus dem nicht gezahlten Unterhalt ein beachtlicher Schuldenberg.

KINDER WACHSEN HERAN
UND MIT IHNEN DIE PROBLEME

Im Vorwort habe ich darauf hingewiesen, dass ein Kind das Leben seiner Eltern verändern wird. Denn mit ein, zwei Jahren der Kinderbetreuung ist es nicht getan. Ganz neue Herausforderungen stellen sich den Eltern, wenn der Nachwuchs neugierig wird und sich anschickt, seine Welt außerhalb des Elternhauses zu erobern.

Mit zunehmendem Alter wächst auch der Einfluss der neuen sozialen Umfelder der Kinder.

Mit zunehmendem Alter werden Außenstehende für das Kind immer wichtiger. Das fängt mit dem Kindergarten oder der Vorschulerziehung an, auf die Eltern seit 1996 sogar einen einklagbaren Rechtsanspruch haben (§ 24 Satz 1 SGB VIII). Das geht mit der Grundschule weiter und ist mit dem Besuch einer weiterführenden Schule noch lange nicht zu Ende.

Wenn Sie bereits Vater oder Mutter sind, wird Ihnen das nicht neu sein. Dann haben Sie mittlerweile gelernt, damit zurechtzukommen, dass andere Leute in Ihre Vorstellung von richtiger Erziehung hineinpfuschen und dass schließlich das Kind selbst seine eigenen Ideen verwirklicht und Ihren Rat oft in den Wind schlägt.

Im folgenden Kapitel geht es darum, welche öffentlichen Angebote der Kinder- und Jugendhilfe es gibt und welche Möglichkeiten Sie haben, auch weiterhin die Erziehung des Kindes zu bestimmen.

WIE SCHÜTZE ICH MEIN KIND VOR DIESER WELT?

Den besten Schutz erhält ein Kind natürlich dann, wenn es mit der Welt da draußen überhaupt nicht in Berührung kommt. Doch das lässt sich auf Dauer nicht vermeiden. Viele Eltern versuchen das Risiko dadurch zu kontrollieren, dass sie ihr Kind möglichst in Vollzeit beschäftigen durch

- ► Eingliederung in kirchliche oder politische Arbeit,
- ► sportliche Aktivitäten vom Schwimmen über Kampfsport bis zu Ballett und Reiten,
- ► eine musische Ausbildung, insbesondere Klavierkurse oder Flötenkreise,

▹ Verwandtenbesuche, Kontakte mit befreundeten Familien und vor allem deren Kindern,

▶ schulische oder außerschulische Hausaufgabenhilfe,

▶ außerschulische Weiterbildung u. v. m.

Denn solange das Kind sich in diesen Kreisen und Gruppen aufhält, ist es nicht gelangweilt und hängt auch nicht auf der Straße oder in Kneipen herum.

Und zudem muss man sich nicht mit dem Kind herumzanken, bleibt zu einem großen Teil von seinen Launen verschont und bekommt Freizeit, die man mit dem Partner allein verbringen oder mit Erwerbsarbeit füllen kann.

Bei all diesen Vorteilen sollte man aber die Nachteile im Hinterkopf behalten, die solche Aktivitäten mit sich bringen:

▶ **Ein voller Terminkalender** ist nicht nur für Erwachsene **stressig**, sondern erst recht für Kinder und Jugendliche. Nur wissen Kinder noch nicht, wie man krank machenden Stress erkennt und abbaut. Es ist Aufgabe der Eltern, darauf zu achten, dass sich das Kind nicht überfordert!

Die Freizeitaktivitäten des Kindes sollten sinnvoll geplant sein und es nicht überfordern.

▶ **Jede Freizeitaktivität kostet Geld.** Die Finanzierung der Freizeitaktivitäten sollte im Familienhaushalt eingeplant werden, um Frustrationen beim Kind zu vermeiden. Geld wird nicht nur für klassische Kostenfaktoren wie Musikunterricht gebraucht, sondern auch für ein ansonsten relativ preiswertes Engagement im Sportverein: In regelmäßigen Abständen muss je nach Sportart eine besondere Ausrüstung oder Kleidung angeschafft werden.

▶ **Dem Kind sollte genug Zeit bleiben**, sich mit Schulfreunden zu treffen oder die Erlebnisse aus der Schule zu verarbeiten und mit Ihnen, seinen Eltern, zu besprechen.

▶ **Hören Sie auf das Kind!** Viele Kinder und Jugendliche verlieren irgendwann den Mut, ihren Eltern zu sagen, dass sie eine bestimmte Aktivität nicht mehr wollen. Das geschieht umso stärker, je begeisterter Sie selbst davon sind.

Denken Sie an den klassischen Fall, dass der junge Vater den Klavierunterricht des Kindes vor allem deshalb begrüßt, weil er selbst in seiner Jugend unheimlich gern Klavier gespielt hätte. Da wird schnell übersehen, welche eigenen Vorstellungen und Wünsche das Kind hat.

Natürlich ist es vor allem Ihre Sache, was Sie für Ihr Kind auf die Beine stellen oder welche Aktivitäten Sie sich leisten können. Haben Sie aber den Mut, auch öffentliche Angebote in Anspruch zu nehmen. Solche Angebote macht vor allem das örtliche Jugendamt. Es ist nach dem Kinder- und Jugendhilfegesetz (jetzt: SGB VIII) verpflichtet, allen Einwohnern in seinem Zuständigkeitsbereich bei der Erziehung und Betreuung von Kindern und Jugendlichen zu helfen. Auf welche Weise und in welchem Umfang das geschieht, hängt von den finanziellen Möglichkeiten der Städte und Gemeinden ab. Die Angebote sind jedoch in aller Regel kostenlos. Hier habe ich ein paar typische Tätigkeitsbereiche zusammengestellt:

Nehmen Sie auch die durch das jeweilige Jugendamt unterstützten Angebote für Kinder und Jugendliche wahr.

▶ **Jugendarbeit, Jugendsozialarbeit, Jugendschutz:** Viele Jugendämter unterhalten städtische *Jugendzentren*, in denen das Kind unter Aufsicht seine Freizeit verbringen und mit anderen zusammen sein kann. Es gibt *Beratungsstellen*, die zum Teil auf Jugendprobleme spezialisiert sind und dabei helfen wollen, dass Eltern und Kinder sie gemeinsam bewältigen können (beispielsweise Drogenberatung).

Immer aber kennt das Jugendamt zahlreiche weitere *Angebote* für Kinder und Jugendliche. Die meisten freien Träger werden vom Jugendamt schließlich finanziell oder ideell unterstützt.

▶ **Förderung der Familienerziehung:** Jugendämter wollen Eltern und Kindern dabei helfen, miteinander zurechtzukommen. Wer zum Beispiel mit seinem Kind nicht mehr reden kann oder wer von seinen Eltern misshandelt wird, findet dort Rat und Hilfe. Als Bonbon kann das Jugendamt in besonderen Lebenslagen dafür sorgen, dass überforderte Eltern mal Urlaub vom Kind oder Partner machen können. Alle Angebote des Jugendamts in diesem Bereich verfolgen das Ziel, jungen Familien über schwierige Situationen hinwegzuhelfen.

▶ **Hilfe zur Erziehung:** Bei länger dauernden Problemen zwischen Eltern und Kindern kann das Jugendamt zum Beispiel Therapien vermitteln oder dem Erziehungsberechtigten einen Pfleger zur Seite stellen – abgesehen davon, dass vor allem Beratung angeboten wird. Wobei man den Profis im Jugendamt unterstellen kann, dass sie sich mit den typischen Problemen wesentlich besser auskennen als das Elternteil, das sich gerade um sein erstes Kind kümmert.

▶ **Eingliederungshilfe:** Das Jugendamt will Eltern, deren Kinder behindert sind oder aus anderen Gründen nicht »normal« aufwachsen konnten, bei der Eingliederung in die Regelschule, den Kindergarten oder in Freizeitangebote helfen. Dazu bietet es in erster Linie Beratung an und unterstützt die Eltern dabei, bei anderen Behörden die richtigen Anträge korrekt zu stellen.

Die Aufgaben und Angebote des Jugendamts sind vielfältig und dienen den Interessen der Kinder.

Das Jugendamt hat viele Aufgaben. Leider lernen die meisten diese Behörde nur als verlängerten Arm der Staatsgewalt kennen. In Wirklichkeit handelt es sich in erster Linie um einen Dienstleister, der im Interesse der Kinder und Jugendlichen tätig wird.

Allerdings muss man in der Regel selbst herausfinden, wie man die freundliche Seite des Jugendamts nutzt. Im Bereich der Jugendpflege wird es normalerweise nur auf Anfrage tätig.

Ausnahme: Vor der Geburt eines nicht ehelichen Kindes informiert das Jugendamt die werdende Mutter von sich aus über sein Leistungsspektrum (§ 52a Abs. 2 SGB VIII). Unter anderem werden ihr Ansprechpartner genannt, die ihr bei Problemen mit den eigenen Eltern, dem Kindsvater oder anderen Behörden helfen.

Was passiert, wenn Erziehung versagt?

Wie Eltern die Erziehung ihres Kindes gestalten, soll Sache der Familie bleiben. Dieser Grundsatz zieht sich durch das gesamte Kindschaftsrecht. Bis zu einer Grenze:

Wichtig: Immer wenn das Wohlergehen eines Kindes in Gefahr ist oder dem Kind bereits Schaden zugefügt wurde, kann das Familiengericht alles tun, um das Kind effektiv zu schützen.

Wörtlich heißt es, dass das Familiengericht »die erforderlichen Maßnahmen« trifft. In Einzelfällen reicht das bis zu der Anordnung, das Kind in eine Pflegefamilie zu geben und den Eltern das Umgangsrecht zu entziehen. Dafür müssen nach § 1666 BGB wenigstens folgende Bedingungen erfüllt sein:

1. Es muss eine **ernste Gefahr für das seelische, geistige oder körperliche Wohl des Kindes** bestehen. Daran gibt es meistens keinen Zweifel, wenn beispielsweise der Vater wegen Kindesmisshandlung rechtskräftig verurteilt worden ist. In solchen Fällen wird das Jugendamt natürlich schon früher aktiv, weil es die Gefahr abwenden soll. Und je schwerer das Leid ist, das dem Kind droht, desto früher muss eingegriffen werden. So kann es passieren, dass Eltern ihre Kinder bis zum Abschluss eines entsprechenden Strafverfahrens überhaupt nicht mehr zu Gesicht bekommen.

2. **Die Gefahr muss entstanden sein durch**
   a) **Missbrauch des Sorgerechts** – die Eltern nutzen ihre Verfügungsmacht dazu aus, dem Kind oder seinem Vermögen zu schaden.
   b) **Vernachlässigung des Kindes** – die Eltern wollen sich mit dem Kind nicht befassen, seine Entwicklung ist ihnen völlig egal.
   c) **Elterliches Versagen** – die Eltern wollen dem Kind nicht schaden und sind wirklich bemüht, alle Gefahren von ihm abzuwenden. Aber sie schaffen es nicht, weil sie mit dieser Verantwortung seelisch, körperlich oder finanziell überfordert sind.
   d) **Einflüsse von anderen Personen als den Eltern** – beispielsweise, wenn nicht die Eltern ihre Verfügungsmacht missbrauchen, sondern die Großeltern.

3. Und weiter müssen die Eltern
   a) entweder **nicht in der Lage** oder
   b) **ernsthaft nicht gewillt** sein, die Gefahr abzuwenden.

Oder um es kurz zu sagen:

> Wird das Kind durch seine Eltern verletzt oder schaffen sie es nicht, Gefahren von ihrem Kind fern zu halten, greift das Familiengericht ein und tut, was nötig und im Einzelfall angemessen ist.

Das ist der gerichtliche Spielraum:

▶ **Anweisungen und Ermahnungen** an die Eltern, sofern sich die Eltern davon noch beeindrucken lassen.
▶ **Bestellung eines Pflegers**, der den Eltern ständig auf die Finger sieht, sie also beaufsichtigt und im Ernstfall eingreifen darf.

▶ **Bestellung eines Pflegers**, der das Sorgerecht zum Teil oder vollständig ausübt. Die Eltern haben dann wenig oder gar nichts mehr zu sagen – sie können allerdings nach einer gewissen Zeit beantragen, dass die Pflegschaftsanordnung aufgehoben wird.

▶ **Trennung des Kindes** von einem oder von beiden Elternteilen. Das Kind wird dann – je nach Alter des Kindes und dessen Eignung – vorläufig oder auf Dauer untergebracht. Diese *Unterbringung* kann passieren:

  ▶ In einer *Pflegefamilie* oder bei einer Betreuungsperson, die sich um die Erziehung des Kindes kümmert.

  ▶ In einer *Einrichtung*, zum Beispiel einer Wohngruppe oder einem Heim, bis das Kind entweder auf eigenen Füßen stehen oder in eine andere Wohnform wechseln kann.

Dabei gilt, dass eine Trennung von den Eltern nur dann angeordnet werden darf, wenn das die absolut letzte Möglichkeit ist, das Kind vor Gefahren für sein Wohlbefinden, seine Gesundheit oder seine Entwicklung zu schützen (§ 1666a BGB). Nicht umsonst wird an dieser Stelle im Gesetz noch einmal ausdrücklich darauf hingewiesen, dass es öffentliche Hilfen für überforderte Eltern gibt.

Als die absolut letzte Möglichkeit sieht der Gesetzgeber die Trennung von Kind und Eltern vor.

Doch so überzeugend diese Zusammenstellung der Möglichkeiten auch sein mag, das Hauptproblem löst sich nicht von allein: Bevor das Gericht irgendetwas anordnen kann, muss es erst einmal erfahren, dass es einem Kind schlecht geht. An dieser Stelle kommt wieder das Jugendamt ins Spiel. Es ist Ansprechpartner für Bekannte, Verwandte und das Kind selbst. Dazu darf es selbst vorläufige Maßnahmen ergreifen, und zwar nach § 42 SGB VIII die folgenden:

1. Es muss ein Hilfe suchendes Kind oder einen Jugendlichen vorläufig in Obhut nehmen, wenn die Betroffenen selbst darum bitten. Erst danach darf das Amt prüfen, ob die Bitte berechtigt sein könnte oder nicht.

2. Das Gleiche gilt, wenn das Amt irgendwoher erfährt, dass das Kind oder der Jugendliche einer Gefahr ausgesetzt ist. Weigert sich das betroffene Kind jedoch mitzukommen, sind dem Jugendamt die Hände gebunden.

3. Nur wenn dem Kind Gefahr für Leib und Leben droht, kann das Jugendamt auch gegen den Willen des Kindes tätig werden und es bis auf weiteres in Obhut nehmen.

Sobald das Kind/der Jugendliche in Obhut genommen wurde, muss das Jugendamt den Erziehungsberechtigten informieren. Der kann dieser Maßnahme widersprechen – für ihn stellt es sich schließlich als Kindesentziehung dar. Sofern die Eltern widersprechen, muss das Jugendamt entscheiden:

▶ Ob es das Kind an den Erziehungsberechtigten herausgeben soll, oder

▶ Ob es so schnell wie möglich das Familiengericht einschaltet, um die Angelegenheit ein für allemal zu klären.

Im Bereich Jugendschutz und Jugendhilfe wird das Jugendamt von selbst aktiv und greift bei Gefahr sogar in eine bestehende Familie ein. Es soll ein »Anwalt des Kindes« sein und sich zur Not mit Gewalt durchsetzen können.

JUGEND UND STRAFRECHT – DIE ELTERNROLLE

Kinder und Jugendliche können schnell mit dem Gesetz in Konflikt kommen. Wer kennt nicht die Mutproben, die unter Jugendlichen veranstaltet werden? Ganz typisch für Straftaten mit Jugendhintergrund sind folgende Delikte:

▶ Ladendiebstahl, räuberische Überfälle,

▶ Fahren ohne Führerschein, oft auch mit geklauten Autos,

▶ Sachbeschädigungen – vom Bemalen einer Bushaltestelle bis zum Abfackeln eines Mülleimers,

▶ Körperverletzungen gegen andere Jugendliche

▶ und vieles mehr ...

Als Vater oder Mutter sollte man sich aber auch die Frage stellen, ob das Kind vielleicht nur straffällig geworden ist, weil es keine andere Chance mehr gesehen hat, von seinen Eltern noch beachtet oder ernst genommen zu werden. Unter Umständen hätte es nur etwas mehr Hilfe oder Zuwendung gebraucht. Nicht umsonst kommen Straftaten in Familien, die Zeit für ihren Nachwuchs haben, nur selten vor.

In Familien, die ausreichend Zeit für ihren Nachwuchs haben, sind weniger Straftaten von Jugendlichen zu registrieren.

Wenn es zum Gerichtsverfahren kommt, spielen die Eltern eine wichtige Rolle. Das Jugendstrafgericht hat als oberstes Ziel, den straffälligen Jugendlichen zu erziehen (§ 3 JGG). Dazu kann der Richter aus einem reichen

Katalog von Erziehungsmitteln schöpfen, die den jungen Angeklagten wieder auf den »rechten Weg« führen sollen. An dieser Stelle treten die Eltern auf den Plan. Der Jugendrichter braucht – anders als im normalen Strafverfahren – möglichst umfassende Informationen über den familiären Hintergrund des Angeklagten. Nur dann kann er auch eine Strafe wählen, die zu dem jungen Täter passt und die wirklich erzieherisch einen Effekt bringt.

Diese Informationen erhält er zum einen durch das Jugendamt, das im Gericht eine Stellungnahme abgeben kann, und zum anderen von den Eltern, die das Kind viel besser kennen als die Behörde. Wer also als Vater oder Mutter nicht an der Verhandlung teilnehmen will, erweist seinem Kind in der Regel einen Bärendienst.

Der familiäre Hintergrund spielt vor Gericht eine große Rolle, um eine erzieherisch sinnvolle Strafe anzuordnen.

Außerdem soll das Jugendstrafgericht – so will es die einschlägige Gerichtsverfassung, das Jugendgerichtsgesetz (JGG) – auch einen Teil der Aufgaben eines Vormundschafts- oder Familiengerichts übernehmen (§§ 3 Satz 2, 34 Abs. 2 JGG). So darf es beispielsweise anordnen, dass den Eltern ein Pfleger zur Seite gestellt wird (§ 12 JGG in Verbindung mit SGB VIII). Das bedeutet normalerweise, dass die Eltern ein Stück von ihrem Sorgerecht abgeben oder wenigstens mit einer fremden Person teilen müssen. Man wäre als Elternteil also wirklich schlecht beraten, wenn man das einfach in Kauf nimmt und der Verhandlung fernbleibt.

Wer als Erziehungsberechtigter oder gesetzlicher Vertreter an der Verhandlung teilnimmt, kann in das Verfahren mit folgenden Mitteln eingreifen (nach § 67 JGG):

▶ Wann immer der Angeklagte gehört werden muss, darf auch der Erziehungsberechtigte das Wort ergreifen.

▶ Bei Zeugenvernehmungen dürfen nicht nur der Angeklagte und sein Anwalt Fragen stellen, sondern auch die Eltern.

▶ Und schließlich dürfen die Erziehungsberechtigten im selben Umfang Beweis- und andere Anträge stellen wie der Angeklagte selbst.

▶ **Ausnahme:** Der Erziehungsberechtigte steht unter Verdacht, an der Tat seines Kindes auf irgendeine Weise beteiligt zu sein (§ 67 Abs. 4 JGG).

Ob das Jugendgericht zuständig ist, richtet sich vor allem nach dem Alter des Jugendlichen zum Zeitpunkt der Tat (also nicht bei Eröffnung der Verhandlung, siehe Seite 16ff.).

EHE ODER PARTNERSCHAFT – DIESE ENTSCHEIDUNG HAT FOLGEN

Bevor es Kinder gibt und man sich überhaupt um Sorgerechtsfragen streitet und um Unterhaltsfragen kümmern muss, gibt es zwei Menschen, die sexuell zueinander gefunden haben. Viel mehr braucht es fürs Kinderkriegen erst einmal nicht.

Ob Ehe oder nicht spielt hinsichtlich der Rechtslage auch für das Kind immer noch eine Rolle.

Wollen die Eltern aber dem Kind eine mehr oder minder stabile Umgebung schaffen und für den neuen Erdenbürger da sein, stellt sich die Frage: Wollen wir heiraten, oder bleiben wir einfach so zusammen? Wie auch immer sich das Paar entscheidet – diese Entscheidung hat Folgen. Entweder ziemlich plötzlich wie bei der Ehe, oder erst im Lauf der folgenden Jahre wie bei der Lebensgemeinschaft ohne Trauschein. Im folgenden Kapitel will ich Sie über die Wirkungen dieser Entscheidung informieren.

EHEVERTRÄGE/GÜTERSTAND

Nach dem Jawort zur Eheschließung teilen sich die Partner nicht nur das Einkommen und die Wohnung, sondern meistens auch das Lebensziel. Viele entscheiden sich für die Ehe, weil sie für die folgenden Jahre etwas Sicherheit gewinnen wollen.

Das typische Bild der Ehe wird von der »Versorgerehe« geprägt. In diesem Idealbild teilen sich die beiden Partner einerseits die Verantwortung für das Einkommen und andererseits die Betreuung von Haus und Kindern: Einer bleibt zu Hause, der andere geht arbeiten. Nachteil: Wer zu Hause bleibt, kommt in seinem Beruf nicht voran und gewinnt auch keine Erwerbspunkte für die gesetzliche Rentenversicherung. Von einer betrieblichen Altersversorgung mal ganz zu schweigen. Diese typischen Nachteile sollen durch Gesetze und die Regeln des ehelichen Güterrechts abgemildert werden. Das Zivilrecht kennt folgende Güterstände:

▶ Die **Zugewinngemeinschaft**, der gesetzliche Normalfall
Was einem der Partner vor der Ehe gehörte, bleibt sein persönliches Eigentum. Der andere hat keine Ansprüche darauf. Nur was während der Ehe hinzukommt, wird bei einer Trennung auf beide Partner gerecht verteilt. Dieses Modell ist ideal für die

arbeitsteilige Versorgerehe, bei der beide Partner gleichberechtigt und vermögensmäßig selbstständig sein und bleiben wollen. Und die Zugewinngemeinschaft ist vor allem dann von Vorteil, wenn das Anfangsvermögen der beiden Partner ziemlich ähnlich ist.

▶ Die **Gütertrennung**, die gern gewählte Alternative
Was einem Partner vor der Ehe gehörte, bleibt sein persönliches Eigentum. Und was während der Ehe dazukommt, bleibt ebenfalls schön voneinander getrennt: gemeinsamer Tisch, getrennte Kassen. Es gibt normalerweise keinen Zugewinn- oder Versorgungsausgleich am Ende der Beziehung. Diesen Güterstand sollte man wählen, wenn einer der beiden riskanten Geschäften nachgeht, für die der andere Ehepartner nicht automatisch mithaften will.

▶ Die **Gütergemeinschaft**, so war es vor Jahrhunderten schon üblich

Der Güterstand in der Ehe ist ausschlaggebend im Fall einer Trennung oder Scheidung.

Was die Gatten vor der Ehe haben, kommt in einen gemeinsamen Topf. Was sie während der Ehe dazugewinnen ebenso. Man kann sich darauf einigen, dass nur einer der beiden über das Vermögen bestimmen und es verwalten soll. Wird keine besondere Vereinbarung getroffen, verwalten Mann und Frau das Vermögen gemeinschaftlich. Das heißt, wenn einer Geld ausgeben will, muss der andere zustimmen. Dieser Güterstand ist vor allem dann sinnvoll, wenn während der Ehe nicht mehr mit einem nennenswerten Zugewinn zu rechnen ist.

Wer heiratet, ohne einen Ehevertrag abzuschließen, lebt in der Zugewinngemeinschaft. Um von diesem gesetzlichen Güterstand abzuweichen, muss man einen besonderen Vertrag mit dem Partner schließen. Dieser Vertrag ist nur wirksam, wenn er von einem Notar beurkundet wird.

Der Güterstand lässt sich jederzeit ändern. Wer sich allerdings schon vor der Ehe für einen bestimmten Güterstand entscheidet, vermeidet dadurch Probleme im Scheidungsverfahren. Denn spätestens am Ende des gemeinsamen Wegs müssen die gegenseitigen Ansprüche für jede Phase der Ehe einzeln errechnet werden.

Wer nach Gründen für oder gegen den Trauschein sucht, sollte wissen, wie sich eine Ehe auf die rechtliche Situation der Eheleute auswirkt. Hier eine Zusammenstellung einiger wichtiger Folgen des Jaworts:

▶ In **Geschäften des täglichen Lebens** darf der eine Partner seinen Ehegatten ohne weiteres vertreten (§ 1357 BGB). Anders als sonst braucht man also für die meisten Geschäfte keine ausdrückliche Vollmacht. Eheleuten wird generell unterstellt, dass einer für den anderen tätig werden darf. Bei nicht ehelichen Partnern ist das anders.

▶ Beide Ehegatten sind gesetzlich verpflichtet, **die Familie angemessen zu unterhalten** (§ 1360 BGB). Das heißt, keiner der Eheleute kann sich folgenlos aus dem Staub machen und den anderen mit den ehemals gemeinsamen Verpflichtungen zurücklassen.

▶ Wird die **Ehefrau schwanger**, gilt der Ehemann automatisch als Vater und ist für das Kind ohne weiteres sorgeberechtigt. Bei unverheirateten Paaren muss der männliche Teil dazu erst eine Sorgeerklärung abgeben.

▶ Will ein **Gläubiger** eines Ehepartners Gegenstände aus der ehelichen Wohnung **pfänden**, darf er auch auf die Sachen zugreifen, die von dem anderen Ehegatten angeschafft wurden (§ 1362 BGB). Diese Vorschrift sorgt ganz nebenbei dafür, dass Ehepaare bei Banken und Händlern für kreditwürdiger gehalten werden als nicht eheliche Partnerschaften. Dabei wird gern übersehen, dass die Eigentumsvermutung in § 1362 BGB schon dann nicht mehr gilt, wenn die Eheleute nicht zusammen wohnen.

> **Viele Rechtsfolgen aus der Ehe können für eine nicht eheliche Lebensgemeinschaft per Vertrag oder Testament geregelt werden.**

▶ **Stirbt einer der Eheleute**, erbt der Überlebende mindestens ein Viertel des Vermögens (§ 1931 Abs. 1 BGB). Lebten die Eheleute in Zugewinngemeinschaft, steht ihm insgesamt die Hälfte zu (§ 1371 Abs. 1 BGB). War die Ehe kinderlos und sind auch die Eltern des Verstorbenen bereits tot, bekommt er sogar alles (§ 1931 Abs. 2 BGB). Darüber hinaus gehören ihm allein der Hausrat und die Hochzeitsgeschenke – der Überlebende müsste diese Sachen zwar mit den eigenen Kindern teilen, nicht aber mit entfernteren Verwandten (§ 1932 BGB – Voraus des Ehegatten).

Dies waren einige der Auswirkungen, die eine Ehe auf die rechtliche Situation der Eheleute hat; die steuerlichen Folgen haben wir hierbei außer Acht gelassen.

Viele dieser Folgen können auch für eine nicht eheliche Partnerschaft gelten, indem die Partner miteinander entsprechende Verträge schließen und/oder sich gegenseitig in ihren Testamenten absichern. Das geht jedoch meist nicht ohne einen erfahrenen Notar, und es ist darüber hinaus sehr empfehlenswert, seine Absichten mit einem kundigen Rechtsanwalt zu besprechen.

TRENNUNG UND SCHEIDUNG: SO WIRD VERTEILT

Wenn die Ehe scheitert oder einer der Partner stirbt, sollen die Nachteile der Arbeitsteilung während der Ehezeit wieder ausgeglichen werden. Im Einzelnen wird dann aufgeteilt:

1. das während der Ehezeit hinzugewonnene Vermögen (Haus, Garten, Geld),
2. die während der Ehezeit erwirtschafteten Versorgungsansprüche (Renten, Sozialversicherung, Anwartschaften) – also ein zukünftiges Vermögen,
3. die in der Ehezeit erworbenen Lasten (Kredite, Unterhaltsansprüche von Kindern oder Verwandten).

> **Vermögen, Versorgungsansprüche und Lasten werden im Fall einer Scheidung aufgeteilt.**

Für alle diese Ansprüche gilt das so genannte Saldoprinzip. Das bedeutet, wer in einem der Bereiche mehr erworben hat als der andere, muss die Hälfte des überschießenden Betrags abgeben, damit im Ergebnis beide das Gleiche haben.

Dahinter steht die Idee, dass die Eheleute ihr Vermögen ja nicht hätten erwirtschaften können, wenn sie allein geblieben wären. Beispiel: Hätte die Frau nicht für Haus und Kinder gesorgt, wäre dem Mann weniger Zeit zum Geldverdienen geblieben.

Das bewirkt der Güterstand

Auf die Verteilung des Vermögens haben die ehelichen Güterstände entscheidenden Einfluss. Und zwar folgendermaßen:

▶ Bei der **Zugewinngemeinschaft**, also dem gesetzlichen Güterstand, muss herausgerechnet werden, was jeder Partner aus eigenem Vermögen eingebracht oder während der Ehe persönlich erworben hat.

Das gehört nicht zum Zugewinn:

▶ Was einem vor der Ehe schon gehörte, zum Beispiel ein Mietshaus, Bauland, Bargeld. Es empfiehlt sich sehr, solche Vermögenswerte in einer Liste zusammenzustellen und diese Aufstellung gut aufzubewahren.

▶ Was einem während der Ehe zugeflossen ist, ohne für die eheliche Lebensgemeinschaft bestimmt zu sein. Das sind vor allem Erbschaften und Schenkungen. Beispiel: Die Eltern eines Partners sterben während der Ehe und hinterlassen ein Haus. Dieses Haus wird verkauft. Der Verkaufserlös gehört nicht zum Ehevermögen, sondern wird persönliches Eigentum des Partners, dem das Haus vererbt wurde.

▶ Bei **Gütertrennung** findet ein Vermögensausgleich normalerweise nicht statt, außer er wurde im Ehevertrag vereinbart.

▶ Bei der **Gütergemeinschaft** wird alles, was den Partnern gemeinsam gehört, untereinander zu gleichen Teilen aufgeteilt. Es sei denn, es gehört zum Sondervermögen oder zum Vorbehaltsvermögen eines der Eheleute.

  ▶ Sondervermögen ist das, was nicht durch ein Rechtsgeschäft wie Kauf, Tausch oder andere Wirtschaftsvorgänge übertragen werden kann. Zum Beispiel gesetzliche Ansprüche auf die Altersrente.

  ▶ Vorbehaltsvermögen ist ein wenig komplizierter: Zum einen können die Partner schon im Ehevertrag bestimmen, auf welche Güter und Werte der andere keinen Anspruch haben soll. Zum anderen kann es sein, dass einer der Partner während der Ehe etwas erbt oder geschenkt bekommt. Normalerweise wird das dann gemeinschaftliches Eigentum der Eheleute. Will der Erblasser oder der Schenker es anders haben, muss im Testament oder in der Schenkungsurkunde ausdrücklich drinstehen, dass die Sache nicht ins Ehevermögen soll. So entsteht Vorbehaltsvermögen eines Ehegatten.

> **Die Entscheidung, ob Zugewinn-, Gütergemeinschaft oder Gütertrennung in der Ehe muss jeder selbst treffen.**

Eine Scheidung soll bewirken, dass die Lebensgemeinschaft in einer vor allem finanziell möglichst gerechten Weise zu einem Ende kommt. Und ob die Aufteilung nach dem Prinzip der Zugewinngemeinschaft Ihnen gerechter erscheint als das Verfahren bei Gütertrennung oder Gütergemeinschaft, müssen Sie selbst wissen. Und sich so bald wie möglich entsprechend entscheiden.

Bedenken Sie: Ein Ehevertrag, in dem ein anderer Güterstand als die Zugewinngemeinschaft bestimmt wird, wirkt erst ab dem Zeitpunkt, ab dem er geschlossen wird.

Gründe für den Unterhalt

Nach der Scheidung sollen sich beide Ehegatten so schnell wie möglich wieder auf die eigenen Beine stellen. Das bedeutet, ab sofort muss sich jeder wieder ganz allein darum kümmern, wo das Geld für den Lebensunterhalt herkommt. Dabei hat natürlich dann derjenige Partner das große Nachsehen, der nicht die ganze Zeit der Ehe über im Berufsleben stand:

1. Neueinsteiger verdienen weniger Geld, weil sie an keiner regelmäßigen Gehaltserhöhung teilgenommen haben.

2. Vielen Arbeitgebern sind Geschiedene, die ins Berufsleben zurückwollen, zu teuer. Sie sind nämlich älter und möglicherweise öfter krank.

Der schwächere Partner soll im Fall einer Scheidung per Unterhalt abgesichert werden.

3. Viele Arbeitgeber fürchten: Wer lange Zeit zu Hause war, der kennt sich in seinem erlernten Beruf nicht mehr so gut aus wie jemand, der ganz frisch aus der Ausbildung kommt.

Für mindestens einen der ehemaligen Ehegatten wird die Lebenssituation nach der Trennung also ungewiss und unsicher, manchmal sogar bedrohlich. Um dieses Risiko zu mindern, gibt es zahlreiche Gründe, aus denen der Expartner verpflichtet werden kann, dem schwächeren Ehegatten Unterhalt zu zahlen. Das sind im Überblick die folgenden:

1. Wegen der Kinder

Wer sich um die Kinder kümmert, kann nicht ohne weiteres in Vollzeit arbeiten gehen. Also muss der andere zahlen (Betreuungsunterhalt, siehe Seite 37f.). Dabei geht es nicht um das Geld, was die Kinder zum Leben brauchen, sondern vor allem um den Betrag, den der andere Partner nicht durch einen eigenen Job verdienen kann.

a) Es kommt nicht darauf an, ob es sich bei dem betreuten Nachwuchs um gemeinsame oder adoptierte Kinder handelt. Sofern die Kinder während der Ehezeit als eigene angenommen wurden, werden sie auch nach einer Scheidung wie gemeinsame Kinder gewertet.

b) Wurde ein voreheliches Kind vom Exgatten als eigenes angenommen oder eine Sorgeerklärung abgegeben, kann das nach einer Scheidung nicht einfach rückgängig gemacht werden. Es bleibt ein gemeinsames Kind.

Die Gründe für Betreuungsunterhalt verringern sich, je älter das Kind oder die Kinder werden.

c) Betreuungsunterhalt muss so lange gezahlt werden, wie die Kinder tatsächlich betreut werden müssen. Dafür gibt es keine festen Grenzwerte, sondern nur Faustregeln: Je jünger das Kind, desto mehr Betreuung braucht es. Je älter und selbstständiger das Kind wird, desto weniger Betreuung braucht es. Geht das Kind zur Grundschule, ist dem betreuenden Elternteil eine Teilzeitstelle durchaus zuzumuten. Im Alter von 14 Jahren, spätestens aber mit 16 Jahren kann der Betreuer in Vollzeit wechseln.

2. **Wegen Arbeitslosigkeit**
Eine Unterhaltspflicht besteht auch dann, wenn sich einfach kein geeigneter Job finden lässt, obwohl man sich ernsthaft bemüht hat. Für das ernsthafte Bemühen reicht es in der Regel aus, sich zum Beispiel regelmäßig beim Arbeitsamt zu melden, an Umschulungen teilzunehmen und auch Jobs in Betracht zu ziehen, die etwas unter der eigenen Qualifikation liegen.

3. **Wegen Ausbildung oder Umschulung**
Manchmal hat ein Ehepartner eine Ausbildung oder Umschulung abgebrochen, um sich ganz der Lebensgemeinschaft zu widmen, um zum Beispiel die Kinder zu versorgen oder mit dem Partner in eine andere Stadt zu ziehen.
In diesen Fällen kann die Ausbildung nach der Scheidung fortgesetzt oder neu aufgenommen werden. Unterhaltspflichtig ist der Exgatte.

4. **Wegen Alters oder verminderter Erwerbsfähigkeit**
Auch das kommt im Lauf einer Ehe vor: Der andere Partner kann nicht mehr arbeiten, hat aber wegen der langen Zeit an Heim und Herd keine ausreichende Versorgung für Berufs- oder gar Erwerbsunfähigkeit treffen können. Dann muss der Exgatte Unterhalt zahlen.

5. **Wegen Mindereinkommens**
Unterhaltszahlungen vom einen Expartner an den anderen sollen dafür sorgen, dass im Ergebnis beide Partner den Lebensstandard halten können, den sie sich während der Ehe erarbeitet haben. Verdient einer der Partner weniger, als dafür nötig wäre, und steht ihm aus keinem der anderen Gründe Unterhalt zu, kann er Aufstockungsunterhalt verlangen.

Verantwortung für den schwächeren Partner

Eheleute bleiben also auch nach einer Scheidung füreinander verantwortlich. Der wirtschaftlich Stärkere muss den anderen unterstützen. So darf der andere wenigstens **Trennungsunterhalt** verlangen, solange er kein eigenes Einkommen erwirtschaftet und aus keinem anderen Grund Unterhalt verlangen kann. Der Unterhaltsberechtigte bekommt im Normalfall drei Siebtel des anrechnungsfähigen Einkommens von seinem Expartner (§ 1573 BGB) – etwas weniger als die Hälfte. Anrechnungsfähig ist die Summe aller Einkünfte abzüglich eines angemessenen Selbstbehalts.

Neben Betreuungsunterhalt oder Unterhalt aufgrund von Alter oder Krankheit sieht das Gesetz noch den Trennungs- und den Aufstockungsunterhalt vor.

Doch auch wenn der geschiedene Partner eine Arbeitsstelle gefunden hat, geht sein Anspruch auf Trennungsunterhalt nicht spurlos unter. Er wandelt sich vielmehr um in einen Anspruch auf **Aufstockungsunterhalt,** wenn der Lohn nicht ausreicht, um dem geschiedenen Partner den gleichen Lebensstandard wie während der Ehe zu garantieren.

Wie teuer das für den Besserverdienenden wird, hängt von den Lebensverhältnissen während der Ehe ab. Waren beide Partner während der Ehe berufstätig, standen ihnen beide Einkünfte zum Leben zur Verfügung. Hat nur einer gearbeitet, gab es vor der Trennung nur dieses eine Einkommen. In beiden Fällen muss der Besserverdienende drei Siebtel der Differenz zum früheren halben Familieneinkommen an den anderen abgeben.

Die Quote von drei Siebteln beruht auf der Überlegung, dass der besser verdienende Ehegatte auch einen gewissen Anreiz haben soll, mit dem gleichen Engagement wie bisher arbeiten zu gehen. Seine Leistung soll sich lohnen, finden die Gerichte. Deshalb darf der Unterhaltspflichtige etwas mehr als die Hälfte (das wären drei Sechstel) seines Mehrverdiensts behalten.

Wichtig: Der Trennungs- und Aufstockungsunterhalt ist anderen Unterhaltsformen nachgeordnet. Es gibt ihn nur, wenn der geschiedene Partner keinen Anspruch auf Betreuungsunterhalt hat (siehe Seite 37f.) und auch nicht wegen Alters oder Krankheit finanziert werden muss.

Beispiel 1: Doppelverdiener		
Ehemann verdiente	**Ehefrau verdiente**	**Familie hatte**
5.200 DM/Monat	2.100 DM/Monat	7.300 DM/Monat
Die Hälfte davon	÷ 2	3.650 DM/Monat
Differenz Ehefrau	·/. 2.100 DM/Monat	1.550 DM/Monat
Zu zahlen:	3/7	**664,29 DM/Monat**
Beispiel 2: Versorgerehe		
Ehemann verdiente	**Ehefrau verdiente**	**·Familie hatte**
5.200 DM/Monat	0 DM/Monat	5.200 DM/Monat
Die Hälfte davon	÷ 2	2.600 DM/Monat
Differenz Ehefrau	·/. 2.100 DM/Monat	500 DM/Monat
Zu zahlen:	3/7	**214,29 DM/Monat**

Die Beispielrechnungen gehen davon aus, dass die Ehefrau eine angemessene Stellung gefunden hat und weniger verdient als ihr Exmann (2.100 DM/Monat).

Behalten Sie bitte im Hinterkopf, dass die hier dargestellten Unterhaltsregelungen im Allgemeinen nur für den gesetzlichen Güterstand der Zugewinngemeinschaft gelten. Wenn Sie also über einen anderen Güterstand nachdenken, sollten Sie auch für den Notfall vorausplanen und sich schon im Ehevertrag auf eine Lösung der Unterhaltsfrage verständigen.

Versorgungsausgleich

Der Versorgungsausgleich regelt Rentenansprüche bei einer Scheidung.

Wer während der Ehe seinem Beruf nachgeht, bekommt nicht nur Lohn oder Gehalt. Er zahlt in den meisten Fällen auch Beiträge für die gesetzliche Rentenversicherung. Bei einigen Arbeitgebern gibt es darüber hinaus noch eine betriebliche Altersversorgung. Auf die hat man normalerweise erst dann einen Rechtsanspruch, wenn man einige Jahre in diesem Betrieb hinter sich gebracht hat. Bleibt einer der Ehegatten zu Hause, kann er natürlich keine Rentenbeiträge zahlen. Eine betriebliche Altersversorgung wird gleichfalls kaum infrage kommen, weil die Zeit an

Heim und Herd nicht auf die Betriebszugehörigkeit angerechnet wird. Im Ergebnis kann er sich also keine Altersversorgung aufbauen.

Ausnahme: Die Ehefrau steht auf der Lohnliste des eigenen Ehegatten. Bei Selbstständigen ist das nicht gerade selten.

Diese Nachteile bei der Alterssicherung sollen in der Scheidung ausgeglichen werden. Dazu dient der Versorgungsausgleich.

Um einen Versorgungsausgleich durchzuführen, wird berechnet, welche Rentenansprüche in der Ehezeit entstanden sind. Wer in dieser Zeit weniger erworben hat, bekommt die Hälfte des Unterschiedsbetrags. Meistens wird dann vom Rentenkonto des einen Ehegatten ein bestimmter Teil auf das Rentenkonto des anderen übertragen. Um den Versorgungsausgleich etwas plastischer werden zu lassen, hier eine Beispielrechnung:

Beispiel Versorgungsausgleich	
Wenn die Ehe zum Beispiel am 15. August 1971 geschlossen und im November 1992 geschieden wurde, ist als eheliche Beitragszeit die Spanne vom 1. August 1971 bis zum 30. November 1992 anzusehen.	
Der Ehemann könnte während der Ehezeit folgende monatlichen Rentenansprüche erworben haben:	
– bei der BfA	555,65 DM
– in einer betrieblichen oder privaten Altersvorsorge	3.841,00 DM
Summe:	**4.196,65 DM**
Die Ehefrau dagegen könnte während der Ehe nur folgende monatlichen Rentenansprüche hinzugewonnen haben:	
– bei der BfA monatlich	192,47 DM
– sonstige/private Altersvorsorge	0,00 DM
Differenz zum Ehemann:	**4.004,18 DM**
Der Mann schuldet seiner Exfrau die Hälfte der Differenz, in diesem Beispiel also monatlich	**2.002,09 DM**
Wer zahlen muss, ist in diesem Beispiel eindeutig. Der Exehemann muss dafür sorgen, dass seine Exgattin zum Ende der Ehe einen Rentenanspruch von insgesamt 2.194,56 DM erhält, davon 2.002 DM aus seinem eigenen Rentenkonto.	

Die Ansprüche werden je nach Leistungsträger folgendermaßen übertragen:

1. Bei der gesetzlichen Rentenversicherung wird auf den Rentenkonten der BfA umgebucht: Was der Ausgleichspflichtige abzugeben hat, wird von seinem Rentenkonto abgezogen und dem anderen Rentenkonto gutgeschrieben. Diesen Vorgang nennt man Splitting.

2. Bei anderen öffentlich-rechtlichen Versorgungsansprüchen, also zum Beispiel bei Beamten, Landwirten oder Anwartschaften auf eine Zusatzversorgung des öffentlichen Diensts, geht das im Prinzip genauso. Der betroffene Leistungsträger überträgt den Rententeil an die gesetzliche Rentenversicherung. Wie viel Geld vom einen an den anderen Versicherer übertragen wird, regeln die beteiligten Organe selbst. Das ist das Quasi-Splitting.

3. Schwieriger ist der Versorgungsausgleich bei privaten Ansprüchen, zum Beispiel aus einer betrieblichen oder privaten Altersversorgung.

   a) In gewissem Umfang kann der Ausgleich dadurch passieren, dass Beiträge für die gesetzliche Rentenversicherung nachgezahlt werden. Das ist der Normalfall.

   b) Manchmal kommt es auch zu einem schuldrechtlichen Versorgungsausgleich. Das heißt, sobald der Zahlungspflichtige seine Rente genießen könnte, muss er einen Teil davon an seinen geschiedenen Partner abgeben. Wenn der Zahlungspflichtige stirbt, kann sich der Anspruch auch gegen den privaten Rententräger richten (verlängerter schuldrechtlicher Versorgungsausgleich).

Ob der Exehemann den Versorgungsausgleich dadurch veranlasst, dass er für seine Exehefrau Beiträge an die gesetzliche Rentenversicherung nachzahlt oder beim Rententräger eine Umbuchung veranlasst oder ihre Versorgung durch ein Sondervermögen (z. B. eine Lebensversicherung) sicherstellt, entscheidet das Familiengericht. Grob geschätzt bleibt ihm von seinem ehemals stolzen Rentenanspruch nur noch ein Restwert.

In unserem Beispiel auf Seite 61 muss der Mann in der gesetzlichen Rentenversicherung eine Anwartschaft von monatlich 181,59 DM auf das Konto seiner Exfrau übertragen lassen (die Hälfte der Differenz zwischen 555,65 DM

> **Für denjenigen Ehepartner, der die Rentenbeiträge entrichtet hat, bleibt zum Schluss nur noch wenig übrig.**

und 192,47 DM). Wie der Rest von 1.820,50 DM auf ihr Rentenkonto kommt, muss das Gericht entscheiden, wenn sich die ehemaligen Eheleute nicht selbst irgendwie einigen können. Für sie kann sich der Versorgungsausgleich lohnen. Er garantiert eine größere Sicherheit als die gemeinsame Altersrente: Wenn der Ehemann im Alter vor ihr stirbt, hätte sie ohne Scheidung und Versorgungsausgleich keinen – oder nur einen kleinen – eigenen Rentenanspruch. Das einzige, was ihr zustehen würde, ist eine Hinterbliebenenrente. Die beträgt als »kleine Witwenrente« genau ein Viertel der Erwerbsunfähigkeitsrente ihres Ehemanns. Die »große Witwenrente« von 60 Prozent bekommt sie nur, wenn sie

> **Der Versorgungsausgleich ist oft im Todesfall für den hinterbliebenen Ehepartner günstiger als eine Witwer/(n)rente.**

▶ entweder mindestens 45 Jahre alt ist oder
▶ berufsunfähig oder erwerbsunfähig ist oder
▶ ein minderjähriges oder behindertes Kind zu versorgen hat.
▶ **Aber:** Sobald sie wieder heiratet, ist die Witwenrente dahin.

Aus welchen Gründen Unterhalt verfällt

Damit sich der Unterhaltsberechtigte nicht auf Kosten seines Expartners bereichert, sieht das Gesetz einige so genannte Verwirkungstatbestände vor.

> **Wichtig:** Verwirkung bedeutet, dass der Unterhaltsberechtigte keinen Unterhalt bekommt, weil er sich dem Unterhaltspflichtigen gegenüber so unfair verhalten hat, dass es nicht gerecht wäre, ihn jetzt noch zahlen zu lassen.

Das betrifft vor allem die folgenden Fälle:
1. Besonders kurze Ehe, kein ehelicher Lebensstandard: Eine kurze Ehe ist eigentlich nichts, was man einem der beiden vorwerfen könnte. Trotzdem kann man bei extrem kurzer Dauer nicht einfach unterstellen, dass einer der Partner in der Zwischenzeit verlernt hätte, auf eigenen Füßen zu stehen. Oder anders erklärt: Soweit der nacheheliche Unterhalt so bemessen werden soll, dass er beiden Partnern erlaubt, den ehelichen Lebensstandard zu behalten, fehlt es bei kurzen Ehen an einem

feststellbaren ehelichen Lebensstandard – Maßstab ist dann gerechterweise der Lebensstandard vor der Ehe. Wer also nach einer Ehe von weniger als drei Jahren auf Trennungs- oder Aufstockungsunterhalt hofft, hat in der Regel auf Sand gebaut.

2. **Verbrechen oder Vergehen gegen den anderen Ehegatten:** Wer seinen Ehegatten körperlich misshandelt oder bestiehlt, der zeigt damit, dass er an einer gleichberechtigten Lebensgemeinschaft nicht interessiert ist. Folge: kein Unterhaltsanspruch.

3. **Mutwilliges Verhalten, um Unterhalt zu bekommen:** Oder umgekehrt – mutwilliges Verhalten, um den Unterhaltsanspruch des anderen Ehegatten zu verringern. So kommt es gelegentlich vor, dass sich der Unterhaltspflichtige während der Scheidung bemüht, den Job zu verlieren. Zum Beispiel indem er seinen Arbeitgeber bestiehlt oder ihm sonst einen Grund gibt, die Kündigung auszusprechen. Aber: Der andere muss nachweisen können, dass der Exgatte es absichtlich darauf angelegt hat, durch den Jobverlust seine Unterhaltslast zu drücken.

> Liegen sogenannte Verwirkungstatbestände vor, kann der Unterhalt ganz gestrichen werden.

4. **Längeres eheschädigendes Verhalten vor der Trennungszeit:** Wer schon lange vor dem Trennungsjahr damit anfängt, die Familie zu vernachlässigen, soll keinen Unterhalt bekommen dürfen. Beispiel: Die Ehefrau vernachlässigt das gemeinsame Kind, der Ehemann stellt nicht genug Haushaltsgeld zur Verfügung.

5. **Neue Lebensgemeinschaft:** Hat die ehemalige Ehefrau zum Beispiel eine neue Lebensgemeinschaft mit einem anderen Partner, soll sich der Neue auch finanziell um sie kümmern. Das gilt sowieso, wenn die beiden heiraten. Doch schon eine nicht eheliche Gemeinschaft reicht aus, wenn sie längere Zeit besteht und die beiden eine gemeinsame Wohnung nutzen.

ELTERN TRENNEN SICH: WIE VERMEIDET MAN SCHEIDUNGSKINDER?

Liebe vergeht, Partnerschaften zerbrechen: Nichts hält ewig. Ob die Eltern mit oder ohne Trauschein zusammengelebt haben, ist für den Nachwuchs eigentlich unwichtig. Plötzlich werden die Kinder zum Streitobjekt. Ad hoc erwartet jede Seite, dass das Kind gegen den anderen Elternteil Position bezieht. Trotz der persönlichen Bindung, die es zu jedem einzelnen Elternteil hat.

Im Lauf der Zeit kommen die kleinen, alltäglichen Lügen hinzu, die das Kind dem anderen Expartner erzählen muss, aus welchen verständlichen Gründen auch immer. Es wird nicht lange dauern, bis das Kind in seinen Eltern keine Vertrauenspersonen mehr findet, denen es sein Herz ausschütten kann, ohne dabei den jeweils anderen Elternteil ein wenig zu hintergehen, ein Stück weit zu verraten. Um sicherzugehen, wird das Kind einen großen Teil seiner Gefühle für sich behalten. Mit den Jahren wird es ganz verlernt haben, wie man einem anderen als sich selbst vertraut.

Trennungs- und Scheidungskinder sind in psychologischer Sicht zumeist die wirklich Leidtragenden.

Dieses psychologische Problem lässt sich mit rechtlichen Mitteln nicht lösen, ja nicht einmal mildern. Wir werden uns im Folgenden darauf beschränken müssen, zu zeigen, wie der organisatorische Rahmen aussieht, in dem sich zerbrochene Partnerschaften und die davon betroffenen Kinder arrangieren müssen.

Wer hat das Sagen, wer bekommt das Kind?

Die Neuregelung des Kindschaftsrechts zum 1.07.1998 hat auf diese Frage keine wesentlich neuen Antworten gefunden.

Grundsatz: Es ist am besten für das Kind, wenn die Eltern auch nach einer Trennung oder Ehescheidung sorgeberechtigt bleiben.

Der Gedanke, man könne das Kind aus dem elterlichen Konflikt heraushalten, indem man es nach einer Trennung immer einem der Eltern zuspricht, wurde vom Verfassungsgericht für unwirksam erklärt. Die Reform von 1998 führt das Kindschaftsrecht deshalb auf den Grundsatz zurück, dass nach einer Trennung beide Eltern sorgeberechtigt bleiben. Das sieht für die verschiedenen Partnerschaftskonstellationen folgendermaßen aus:

▶ **Unverheiratete Paare mit einer Sorgeerklärung:** Eine Sorgeerklärung ist unwiderruflich, ihre Wirkung kann aber auf entsprechenden Antrag eines Elternteils aufgehoben werden. Dazu muss einer der Eltern beantragen, dass ihm das Sorgerecht allein zugesprochen wird (§ 1671 BGB). Will dagegen z. B. der Vater das Sorgerecht loswerden, muss er die Mutter dazu bewegen, einen solchen Antrag zu stellen. Nicht er, sondern nur die Mutter kann diesen Antrag stellen.

▶ Verheiratete Paare, die sich scheiden lassen: Anders als früher wird die Sorgerechtsfrage jetzt – genauso wie bei den unverheirateten Eltern – nur noch auf Antrag behandelt. Dazu kann jeder der Eltern im Scheidungsverfahren beantragen, dass ihm das alleinige Sorgerecht für das Kind zugesprochen wird (§ 1671 BGB).

Klartext: Gemeinsames Sorgerecht ist die Regel! Nur auf Antrag entscheidet das Gericht, ob eine andere Regelung sinnvoll ist.

Vom gemeinsamen Sorgerecht kann abgewichen werden, wenn
1. die gemeinsam Sorgeberechtigten **auf Dauer** nicht mehr zusammenleben werden und
2. einer der Eltern den **Antrag** stellt, dass ihm das Sorgerecht vollständig oder zu bestimmten Teilen übertragen wird.

Einem solchen Antrag wird das Gericht folgen, wenn
1. entweder *der andere Elternteil* – der seinen Anteil am Sorgerecht abgeben soll – *zustimmt* und
2. *das Kind* der beantragten Regelung *nicht widerspricht*. Widersprechen kann das Kind jedoch nur, wenn es 14 Jahre oder älter ist (§ 1671 Abs. 2 Nr. 1 BGB)
3. oder zu erwarten ist, dass die beantragte Sorgerechtsentscheidung dem *Wohl des Kindes* am ehesten entspricht (§ 1671 Abs. 2 Nr. 2 BGB).

Nur im Ausnahmefall wird vom gemeinsamen Sorgerecht beider Elternteile abgewichen.

Scheitert der Antrag an diesen Voraussetzungen, wird er abgelehnt (Beispiel: Der andere Elternteil stimmt nicht zu, das Kind widerspricht oder dem Kind würde es viel schlechter gehen, wenn dem anderen Elternteil das Sorgerecht entzogen würde). Und es bleibt damit beim gemeinsamen Sorgerecht.

Um das Wohl des Kindes zu bestimmen, stützen sich die Familiengerichte auf die in der folgenden Übersicht aufgezählten Aspekte:

1. Stabiler Elternteil
Die Kinder kommen vorzugsweise zu demjenigen Elternteil, der am verlässlichsten erscheint. Ist einer der Eltern ständig krank, psychisch instabil oder überschuldet, stehen seine Chancen, das ihm das Sorgerecht zugesprochen wird, schlecht.

2. Betreuungs- und Erziehungsmöglichkeit

Der Sorge- und Betreuungsberechtigte sollte sich um die Kinder ausreichend kümmern können. Das kann natürlich derjenige am besten, der nicht so viele andere Aufgaben hat. Dadurch ergibt sich meistens, dass meist der nicht berufstätige Elternteil die Kinder betreuen darf.

3. Bindung des Kindes/der Kinder

Entscheidend ist, an welchen Elternteil sich die Kinder am ehesten gebunden fühlen. Das lässt sich von Außenstehenden natürlich kaum erkennen. Fällt aber ausnahmsweise auf, dass sich die Kindern mit einem Elternteil überhaupt nicht verstehen und sich ständig mit ihm streiten, dann kann das durchaus in die Gerichtsentscheidung mit einfließen.

> **Die Gerichte sehen es am liebsten, wenn beide Elternteile sich das Sorgerecht teilen.**

4. Schonendste Maßnahme, geringst belastender Eingriff

In diesem Sinn ist es den Gerichten am liebsten, wenn die Eltern das Sorgerecht gemeinsam ausüben. Dadurch ist die Gefahr auch wesentlich geringer, dass sich die Kinder von einem Elternteil völlig entfremden.

Fazit: Wer im Konfliktfall das Sorgerecht wirklich bekommt, ist eine Abwägungsentscheidung, in die viele Aspekte einfließen.

Nur selten sind es einzelne Merkmale, die das Gericht zu einer bestimmten Entscheidung zwingen. So ein Ausnahmefall liegt zum Beispiel vor, wenn einer der Eheleute die Kinder misshandelt, missbraucht, übermäßig bevormundet oder aus anderen Gründen völlig ungeeignet scheint, die Kinder zu betreuen und zu erziehen. Dieser Elternteil wird sich vom Sorgerecht verabschieden müssen.

Wichtig: Beziehung pflegen!

Nach § 1626 Abs. 3 BGB ist es für das Kindeswohl am besten, wenn es erlebt, dass trotz der Trennung beide Elternteile für seine Fragen und Bedürfnisse da sind.

Wichtig: Eltern sind dazu verpflichtet, ihre Beziehung zum Kind zu pflegen (§ 1684 Abs. 1 BGB).

Das bringt Pflichten für alle Beteiligten mit sich:

1. **Das Kind** lebt normalerweise nur bei einem seiner Eltern. Den anderen Elternteil muss es gelegentlich treffen. Das bedeutet, dass es ausgemachte Verabredungen konsequent einhalten muss. Tut es das nicht, wird das häufig am Einfluss des betreuenden Elternteils liegen.

2. **Der Elternteil, bei dem das Kind lebt**, muss die Verabredungen mit dem Expartner dulden und nach Möglichkeit fördern. Natürlich gibt es viele legale Möglichkeiten, um den nicht mehr geliebten Partner an Verabredungen zu hindern. Das fängt bei Wochenendfreizeiten an, die beinahe zufällig gerade die Tage treffen, an denen der Expartner Zeit gehabt hätte. Und hört bei weniger erlaubten Sachen auf, wie zum Beispiel dem Unterschlagen von Postkarten oder Briefen.

> **Die Beziehung zu dem Elternteil, der nicht mehr beim Kind lebt, ist für das Kind wichtig.**

3. **Der Elternteil, bei dem das Kind nicht lebt**, muss sich darum bemühen, das Kind auch nach der Trennung noch zu treffen und Zeit mit ihm zu verbringen. Ausreden im Stil von »Mein Job lässt mir keine Chance« helfen nur in engen Grenzen weiter.

Zuvor wurde schon darauf hingewiesen, dass beide Eltern alles unterlassen müssen, was das Verhältnis zwischen dem Kind und dem anderen Elternteil belastet oder seine Erziehung erschwert (§ 1684 Abs. 2 BGB). Wer sich an diese Gebote nicht hält, kann vom anderen Elternteil vor das Familiengericht zitiert werden. Das kann

1. **eine Handlung oder Unterlassung anordnen.** Also den einen verpflichten, zu bestimmten Zeiten für das gemeinsame Kind da zu sein, oder dem anderen verbieten, die Treffen mit dem Expartner zu hintertreiben.

2. **Zwangsgeld androhen und einziehen.** Wer sich nicht in diese Weisungen fügen will, muss mit empfindlichen Geldstrafen rechnen. Empfindlich sind die Zwangsgelder deshalb, weil das Gericht hinsichtlich der Höhe ein freies Ermessen hat. Das heißt, es kann bis zur Grenze von 50.000 DM jeden beliebigen Betrag festlegen, der in der konkreten Situation angemessen erscheint (§ 33 FGG).

3. **Zwangshaft oder unmittelbaren Zwang anordnen.** Wenn sich die streitenden Eltern auch vom Zwangsgeld nicht einschüchtern lassen, kann das Gericht den widerspenstigen El-

ternteil einsperren oder beispielsweise das Kind mit Gewalt aus einer Wohnung holen. Beides ist natürlich keine Lösung und lediglich die allerletzte Notbremse in ohnehin bereits zerrütteten Familienverhältnissen. Aber nach einer entsprechenden Ankündigung geht das alles.

Nur eines geht nicht: Es darf keine Gewalt gegen das Kind ausgeübt werden, um das Umgangsrecht durchzusetzen (§ 33 Abs. 2 Satz 2 FGG)!

Trotzdem werden die Gerichte nur dann gegen den Willen eines Beteiligten entscheiden, wenn das wirklich die letzte Möglichkeit ist, einen auffälligen Widerspruch zur geltenden Rechtslage zu beseitigen. Hatten sich die Eltern jedoch schon einmal vor Gericht auf ein bestimmtes Verfahren geeinigt, können Verstöße dagegen leichter mit einer Zwangsmaßnahme beantwortet werden.

Deutsches Zivilrecht und das Ausland

Oft gibt es Probleme, wenn einer der Eltern nicht deutscher Staatsangehörigkeit ist. Dann muss das Gericht nämlich als Erstes klären, welche Gesetze anzuwenden sind.

Grundsatz: Normalerweise ist in Kindschaftsfragen diejenige Rechtsordnung anzuwenden, der die Mutter bei Geburt des Kindes angehört hat.

Im Einzelnen regelt das Einführungsgesetz zum BGB (EGBGB) dazu Folgendes:

▶ **Scheidungsfragen, Art. 17 EGBGB:** Sie sind nach dem Recht desjenigen Staats zu beurteilen, der zum Zeitpunkt des Scheidungsantrags für die Wirkungen der Ehe maßgebender Gesetzgeber war. Das ist normalerweise das Ausland, wenn die Ehe im Ausland geschlossen worden ist und wenigstens einer der Eheleute diese ausländische Staatsangehörigkeit hat, Art. 14 EGBGB. Hilfsweise gilt das Recht des Staats, in dem die Eheleute momentan wohnen oder bis kurz vor dem Scheidungsantrag gewohnt haben. Nur wenn das

Bei Scheidungsfragen ist die Rechtsordnung gültig, die für die Wirkungen der Ehe maßgebend ist.

ausländische Recht keine Ehescheidung kennt, ist deutsches Recht anzuwenden – sofern einer der Eheleute deutscher Staatsangehörigkeit ist oder es bei der Trauung noch war.

▶ **Kindschaftsfragen, Art. 19, 20, 21 EGBGB:** Normalerweise wird in allen Rechtsfragen um das Kind herum diejenige Rechtsordnung angewendet, in der das Kind lebt. Das deutsche Recht hält sich auch dann heraus, wenn es um das Verhältnis zu einem bestimmten Elternteil geht – ist zum Beispiel der Vater Ausländer, werden Abstammungsfragen nach dem Recht des Staats bestimmt, dem der Vater angehört. Waren die Eltern verheiratet, kann es auf dasjenige Recht ankommen, das die Wirkungen der Ehe regelt. Und soweit es um den Unterhalt der nicht mit dem Vater verheirateten Mutter geht, wird das Recht desjenigen Staats angewendet, in dem die Mutter lebt.

> **Bei Kindschaftsfragen ist zumeist die Rechtsordnung maßgebend, in der das Kind lebt.**

▶ **Unterhaltsfragen, Art. 18 EGBGB:** Es gilt das Recht desjenigen Staats, in dem der Unterhaltsberechtigte wohnt. Nur wenn das ausländische Recht keinen Unterhaltsanspruch wie im deutschen Recht kennt, wird vollständig das deutsche Recht angewendet. Geht es um Trennungsunterhalt nach einer Scheidung, wird deutsches Recht nur dann angewendet, wenn die Scheidung in Deutschland anerkannt oder nach deutschem Recht vollzogen worden ist.

Wichtig: Soweit nach diesen Regeln ausländisches Recht anzuwenden ist, darf das nicht dazu führen, dass eine Rechtsfolge entsteht, die mit wesentlichen Grundsätzen des deutschen Rechts offensichtlich nicht vereinbar ist oder gar Grundrechte des Betroffenen verletzt (Art. 6 EGBGB).

Ganz ähnlich verhält es sich bei der Anerkennung von Entscheidungen, die ein ausländisches Gericht gefällt hat. Normalerweise müssen sich deutsche Behörden an diese Entscheidungen halten und entsprechend handeln. Anders ist es nach § 16a FGG allerdings dann,

1. wenn das ausländische Gericht nach Ansicht des deutschen Rechts gar nicht zuständig wäre, wenn die Sache also in Deutschland hätte entschieden werden müssen;

2. oder wenn das Verfahren im Ausland nicht gerade nach rechtsstaatlichen Grundsätzen geführt wurde, indem zum Beispiel einem Beteiligten keine Chance gegeben wurde, seine Ansprüche entsprechend geltend zu machen;

Ausländische Scheidungsurteile werden in der Regel anerkannt.

3. oder aber, wenn die Entscheidung mit einer anderen, bereits rechtskräftigen Verfügung im Widerspruch steht;

4. oder wenn schließlich die Anerkennung des ausländischen Urteils zur Folge hätte, dass die deutschen Behörden gegen tragende Rechtsgrundsätze wie insbesondere das Grundgesetz verstoßen müssten.

Das Kind als Erbe

Selbst wer nur grobe Ideen über das deutsche Erbrecht hat, weiß doch zumindest eines: Die Kinder erben. Doch ob sie alles bekommen oder wer aus der Familie noch mit welchen Anteilen beteiligt werden muss, hängt ganz entscheidend von der persönlichen Situation des Verstorbenen vor seinem Tod ab. Auf folgende Fragen werden wir eingehen müssen:

Beim neuen Kindschaftsrecht werden eheliche und nicht eheliche Kinder beim Erben gleichgestellt.

1. Hat der Verstorbene ein Testament hinterlassen, und wenn ja: Wer kann Pflichtteile verlangen?
2. War der/die Verstorbene mit der Kindsmutter/dem Kindsvater verheiratet?
3. Leben die Eltern des Verstorbenen noch?
4. Und was bekommen die adoptierten oder nicht ehelichen Kinder vom Nachlass ab?

Eines der großen Reformziele der Neuregelung des Kindschaftsrechts zielte ja darauf ab, alle Erben möglichst gleich zu behandeln. Was sich dadurch für die Kinder geändert hat, deren Eltern bei ihrer Geburt nicht miteinander verheiratet waren, wird im Folgenden besonders hervorgehoben. Damit wir uns richtig verstehen, vorab ein kleiner Merksatz über die Begriffe, die im Erbrecht vorkommen:

Wichtig: Wer stirbt, hinterlässt den Nachkommen und sonstigen Erben einen Nachlass und wird deshalb Erblasser genannt.

Oder ausführlicher erläutert:
1. **Erblasser:** Das ist der Verstorbene, dessen Vermögen verteilt werden soll.
2. **Erbschaft:** Das ist die Gesamtsumme des Vermögens, das der Erblasser hinterlässt. Man spricht auch vom Nachlass.
3. **Erbe:** Das ist derjenige Nachkomme, der sich um das Vermögen kümmern soll. Er muss – nachdem er die Erbschaft angenommen hat – alle Schulden des Verstorbenen begleichen, unter Umständen den anderen Verwandten ihre Pflichtteile auszahlen und darf erst danach den Rest für eigene Zwecke verwenden. Weil er beinahe automatisch in alle Rechtsstellungen des Verstorbenen eintritt, sprechen Juristen von einer Universalsukzession, zu Deutsch also von einer generellen (Rechts-)Nachfolge.

So FUNKTIONIERT DER ERBFALL

Nach dem Tod eines Menschen stellt sich als Erstes die Frage, wer außer der Krankenkasse des Verstorbenen sich um die Bestattung und die damit verbundenen Kosten kümmern muss. Normalerweise erledigen das die unmittelbar Verwandten, so zum Beispiel der Ehegatte oder die Kinder. Rein rechtlich aber kommt es nur darauf an, wer erbt: Der oder die Erben sind auch für die Bestattungskosten des Verstorbenen haftbar.

Regelt kein Testament oder Erbvertrag den Nachlass, tritt die gesetzliche Erbfolge in Kraft.

Es gibt genau drei Möglichkeiten, nach dem Tod eines Erblassers zum Erben zu werden:

▶ Durch ein **Testament** des Erblassers. Das ist ein eigenhändiges Schriftstück des Verstorbenen, in dem eine bestimmte Person als Erbe eingesetzt werden kann.

▶ Durch einen **notariellen Erbvertrag**. Das ist ein Vertrag zwischen dem künftigen Erblasser und denen, die seinen Nachlass verwalten und nutzen sollen.

▶ Durch die **gesetzliche Erbfolge**. Die wird angewendet, wenn man kein Testament findet oder kein Erbvertrag abgeschlossen worden ist.

In vielen Fällen wird kein letzter Wille oder Testament gefunden, so dass allein die gesetzliche Erbfolge entscheidet. Doch selbst ein Testament hebt die gesetzliche Erbfolge nicht vollständig auf:

> **Der Pflichtteil:** Werden in einem Testament die gesetzlichen Erben bewusst oder versehentlich nicht berücksichtigt, können sie ihren Pflichtteil verlangen. Das ist die Hälfte des Anteils, der ihnen nach der gesetzlichen Erbfolge zustehen würde.

Die gesetzliche Erbfolge funktioniert in erster Line nach dem so genannten Parentelprinzip, das die Gemeinschaft der Verwandten in Gruppen einteilt. Diese Ordnung gibt vor, wer vom Nachlass begünstigt wird:

1. Zunächst kommt jeder direkte Nachkomme als Erbe in Frage (**erste Ordnung**). Das sind die Kinder oder Enkel des Verstorbenen. Gibt es mehrere Nachkommen, wird die Erbschaft gerecht aufgeteilt.

2. Sind keine Kinder oder Enkelkinder vorhanden, wandert das Vermögen in aufsteigender Linie im Stammbaum nach oben zu den Eltern des Erblassers. Sind die aber schon lange tot, kommen jetzt die anderen Kinder der Eltern des Erblassers an die Reihe, also seine Brüder und Schwestern sowie deren Nachkommen. All das sind Erben **zweiter Ordnung**.

3. Die **dritte Ordnung** geht von den Großeltern aus. Das heißt, hier können jetzt alle Abkömmlinge der Großeltern erben. Das sind die Onkel und Tanten des Erblassers sowie Cousins, Cousinen beziehungsweise Vettern und Basen nebst ihren Kindern. In den meisten Familien findet sich spätestens hier noch ein lebender Erbe, dem das Vermögen des Erblassers gelegen kommt.

Das Parentelprinzip in Kurzfassung: Es wird also im Erbrecht nach Stämmen bzw. Stammlinien unterschieden, das sind die Ordnungen oder Parentel. Leben in einer bestimmten Verwandtschaftsordnung noch Angehörige, bekommen Verwandte entfernterer Ordnung im Erbfall nichts ab.

Innerhalb eines Parentels wird der Nachlass gerecht aufgesplittet. Ein bereits verstorbener Angehöriger wird von seinen Nachkommen ersetzt (Repräsentationsprinzip). Die müssen sich teilen, was dem erbberechtigten Elternteil zustehen würde.

Verwandte entfernterer Ordnung gehen bei dem Parentelprinzip der gesetzlichen Erbfolge leer aus.

Beispiel: Der Erblasser hat drei Kinder, davon ist eines bereits verstorben und hat zwei Kinder hinterlassen (Enkelkinder des Erblassers). Nehmen wir weiter an, dass die Ehefrau des Erblassers bereits verstorben ist und es keine weiteren Erben erster Ordnung gibt.
Dann verteilt sich der gesamte Nachlass auf die drei Kinder. Also bekommt jedes ein Drittel des Erbes. Nur bei dem bereits verstorbenen Nachkommen verteilt sich das Drittel auf die Schultern der beiden Enkelkinder. Im Ergebnis bekommt jedes Enkelkind ein Sechstel vom Nachlass.

Wichtig: Wie viele Nachkommen die anderen beiden Kinder des Erblassers haben, ist nun unwichtig. Da sie beide noch leben, sehen ihre Abkömmlinge nichts vom Erbe.

Ab der vierten Ordnung nimmt das Gesetz Abschied vom Parentelprinzip und der gerechten Aufteilung. Spätestens hier – so dachte der Gesetzgeber – würden zu viele Bruchteile entstehen. Und die Aufteilung des Nachlasses unter den Erben würde auf praktische Probleme stoßen. Die Lösung: das Gradprinzip, nach dem der gradmäßig nächste lebende Verwandte den gesamten Nachlass bekommt.

Übersicht über die gesetzliche Erbfolge

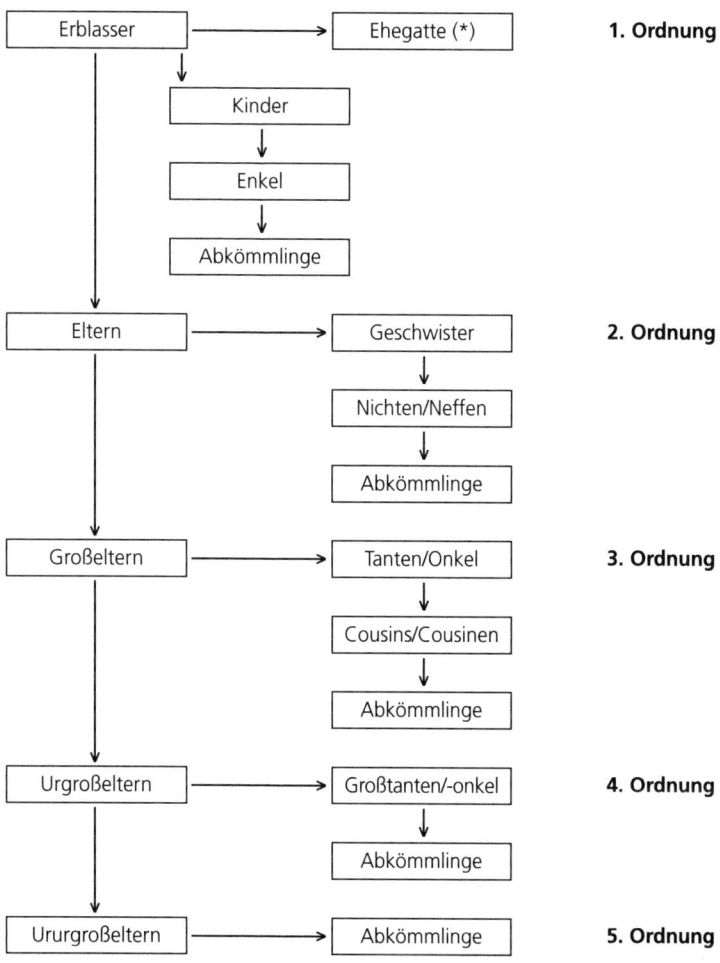

Erblasser ⟶ Ehegatte (*)		**1. Ordnung**
↓		
Kinder		
↓		
Enkel		
Abkömmlinge		
Eltern ⟶ Geschwister		**2. Ordnung**
↓		
Nichten/Neffen		
↓		
Abkömmlinge		
Großeltern ⟶ Tanten/Onkel		**3. Ordnung**
↓		
Cousins/Cousinen		
↓		
Abkömmlinge		
Urgroßeltern ⟶ Großtanten/-onkel		**4. Ordnung**
↓		
Abkömmlinge		
Ururgroßeltern ⟶ Abkömmlinge		**5. Ordnung**

Regelt ein Testament oder ein Erbvertrag den Nachlass, kommt die gesetzliche Erbfolge nur bei den Pflichtteilsansprüchen zum Tragen.

In der Übersicht ist die Position des Ehegatten mit einem (*) markiert, weil er neben Blutsverwandten und gemeinsamen Kindern nicht immer denselben Anteil bekommt. Dem Ehegatten ist das ganze folgende Kapitel gewidmet. Um die gesetzliche Erbfolge noch einmal auf ein paar wenige Regeln zusammenzufassen, lässt sich Folgendes feststellen:

▶ Der Nachlass fällt in erster Linie auf die Kinder des Verstorbenen, daneben bekommt auch die Ehefrau des Verstorbenen einen Anteil. Soweit der Erblasser eigene Abkömmlinge hat, sehen die Verwandten entfernterer Ordnungen nichts vom Nachlass.

▶ Hat der Verstorbene keine Nachkommen, erben die Großeltern bzw. deren Abkömmlinge als Erben zweiter Ordnung (das sind die Geschwister des Erblassers).

▶ Hat der Verstorbene die Erbfolge durch Testament oder Erbvertrag selbst geregelt, kommen die gesetzlichen Regeln nur noch zur Anwendung, wenn es um Pflichtteilsansprüche geht.

DER EHEGATTE ALS ERBE

Der Ehegatte ist im Erbrecht etwas Besonderes. Nach §§ 1931ff. BGB ist aber ein Ehegatte nicht gleich Ehegatte. Um feststellen zu können, wie viel er vom Nachlass bekommt, sind die folgenden Aspekte zu untersuchen:

1. Besteht die Ehe noch oder ist sie vor dem Todesfall geschieden?

   a) Besteht die Ehe noch, kann der überlebende Ehegatte neben seinem normalen Anteil von einem Viertel normalerweise auch noch Zugewinnausgleich geltend machen. (Näheres dazu auf der folgenden Seite.)

   b) Besteht die Ehe nicht mehr oder ist Scheidungsantrag gestellt oder liegen alle Voraussetzungen einer Scheidung vor, dann erbt der ehemalige Ehegatte nichts. Ihm bleibt allerdings das Recht, Unterhalt zu verlangen (§ 1933 Satz 3 BGB). Wer immer Erbe wird, muss dem geschiedenen Ehegatten Unterhalt zahlen.

2. Welche Verwandtschaftsordnung kommt neben dem Ehegatten zum Zug (siehe folgende Übersicht)?

3. Hatten die Eheleute den gesetzlichen Güterstand behalten oder hatten sie Gütertrennung/Gütergemeinschaft vereinbart?

Der Ehegatte bekommt normalerweise …		
… neben Erben **erster** Ordnung	das sind Kinder, Enkel und Urenkel des Erblassers	ein Viertel (*)
… neben Erben **zweiter** Ordnung	das sind Eltern, Geschwister, Nichten und Neffen des Erblassers	eine Hälfte
… neben Erben **dritter** und höherer Ordnung	Tanten und Onkels, Cousins und Cousinen bzw. Vettern und Basen, also die Abkömmlinge der vier Großeltern	alles (als Alleinerbe)
Ausnahme: … neben **den Großeltern** des Erblassers – sofern sie noch leben	das sind die vier Großeltern	eine Hälfte (siehe Seite 78)
Bei (*) ist zu beachten: Davon gibt es eine Ausnahme bei Gütertrennung!		

Bei den verschiedenen möglichen Güterständen sieht es für den Ehegatten folgendermaßen aus:

1. Wer nicht vor der Hochzeit oder während der Ehe beim Notar war, um einen bestimmten Güterstand zu vereinbaren, lebt in einer **Zugewinngemeinschaft.** Das heißt, das während der Ehe dazugewonnene Vermögen muss zwischen den Eheleuten aufgeteilt werden. Dazu gibt es zwei Möglichkeiten:

> Der jeweilige Güterstand in der Ehe bestimmt auch den Erbanteil des hinterbliebenen Ehepartners.

   a) *Erbrechtliche Lösung:* Sofern der Ehegatte **gleichzeitig Erbe** ist, kann er einen pauschalisierten Zugewinnausgleich nach § 1371 BGB verlangen. Der beträgt ein zusätzliches Viertel der Erbschaft. Zusammen mit seinem normalen Erbteil bekommt der Ehegatte dann die Hälfte des gesamten Vermögens.

   b) *Güterrechtliche Lösung:* Wenn der Ehegatte **nicht Erbe** wird, kann er einen Zugewinnausgleich verlangen, d. h., er beansprucht vom Erben eine Geldsumme, die der Hälfte des in der Ehe hinzugewonnenen Vermögens entspricht.

2. Wer **Gütertrennung** vereinbart, hat im Allgemeinen nur den gesetzlichen Erbanspruch von einem Viertel des Nachlasses, wie oben geschildert. Allerdings wird der überlebende Ehegatte im Verhältnis zu den gemeinsamen Kindern bevorzugt: Er bekommt oft nicht nur ein Viertel der Erbschaft, sondern *mindestens so viel wie jedes einzelne Kind* (§ 1931 Abs. 4 BGB). Bei einem Kind also die Hälfte, bei zwei Kindern ein Drittel. Bei drei oder mehr Kindern bleibt es jedoch bei einem Viertel des Vermögens.

3. Bei **Gütergemeinschaft** fällt dem überlebenden Ehegatten von vornherein die Hälfte des Vermögens zu, weil das schon immer sein Anteil war. Doch auch von der zweiten Hälfte kann er etwas abbekommen:

a) Gibt es Erben der ersten Ordnung, bekommt der Ehegatte noch ein Viertel des Rests.

b) Gibt es nur Erben zweiter Ordnung – weil der Verstorbene zum Beispiel keine Kinder hatte – oder leben die Großeltern des Verstorbenen noch, erhöht sich der Anteil des Ehegatten neben diesen Erben auf die Hälfte vom Rest.

c) Den gesamten Nachlass bekommt der überlebende Ehegatte, wenn es nur in der dritten oder noch höheren Ordnung einen möglichen Erben gibt. Aber: Die Großeltern des Verstorbenen gehen vor; neben ihnen bekommt der Ehegatte nur die Hälfte des Restvermögens.

Ich will an dieser Stelle nicht auf alle Verästelungen der Erbfolge eingehen, die sich aus diesen recht komplexen Regeln ergeben. Wichtig scheint jedoch Folgendes:

Der Ehegatte erbt nicht, wenn …

▶ er durch Testament ganz enterbt wird,

▶ die Ehe geschieden ist und bloß der Zugewinnausgleich bzw. die Aufteilung des Vermögens noch aussteht,

▶ der Ehegatte die Erbschaft ausschlägt.

KINDER IN DER ERBENGEMEINSCHAFT

Hinterlässt der Verstorbene mehrere Kinder, bilden diese eine Erbengemeinschaft mit allen Rechten und Pflichten.

Sofern es mehrere Erben gibt, die zu unterschiedlichen Bruchteilen am Nachlass beteiligt sind, bilden sie eine Erbengemeinschaft. Diese Erbengemeinschaft haftet gemeinsam für die Verbindlichkeiten des Verstorbenen und darf auch nur gemeinschaftlich über den Nachlass des Verstorbenen verfügen.

Dieses Verfahren ist vor allem für die Situationen sinnvoll, in denen sich der Nachlass schlecht in Geld verwandeln lässt. War der Verstorbene Inhaber einer Firma oder Eigentümer eines Grundstücks, können die Erben jetzt untereinander aushandeln, was damit passieren soll. So lässt sich beispielsweise regeln, dass einer oder einige der Erben die Firma fortführen oder das Grundstück bewohnen. So gewinnen alle Erben Zeit, um eine für alle tragbare Lösung zu finden.

Übergangsregelung für nicht eheliche Kinder

Werden Kinder geboren, deren Eltern im Zeitpunkt der Geburt nicht miteinander verheiratet sind, galten bis zur Neuregelung des Kindschaftsrechts besondere Regeln. Das nicht eheliche Kind war:
▶ gegenüber seiner Mutter stets Miterbe in einer Erbengemeinschaft,
▶ gegenüber dem Vater zwar Erbe, aber nicht Mitglied einer Erbengemeinschaft. Ihm stand stattdessen ein Erbersatzanspruch zu.

Daran wird deutlich, dass nicht einmal der Gesetzgeber von 1896 eine verwandtschaftliche Beziehung zur Mutter abstreiten wollte. Die Vaterschaft aber muss zunächst einmal besonders festgestellt oder von ihm selbst anerkannt werden (siehe Seite 9ff.). Nur im Verhältnis zum Vater ist es wichtig, ob das Kind außerhalb oder innerhalb einer Ehe geboren wurde.

Für nicht eheliche Kinder galt bis zur Neuregelung der so genannte Erbersatzanspruch.

Welche Rechte ein nicht eheliches Kind aus dem Tod seines Vaters erwirbt, hängt ganz entscheidend vom Todeszeitpunkt des Vaters ab.

1. Starb der Vater vor dem 1. Juli 1970, geht sein nicht eheliches Kind beim Erben leer aus. Damals galt das Nichtehelichengesetz noch nicht, und das nicht eheliche Kind galt damals mit dem Vater als nicht verwandt.

2. Starb der Vater vor dem 1. April 1998, gilt das alte Recht, also auch die Regelung über den Erbersatzanspruch, Art. 227 EGBGB. Doch selbst wenn der Vater dieses Datum überlebt hat, muss das alte Recht angewendet werden, wenn bereits ein Erbausgleich durchgeführt oder rechtskräftig vereinbart worden ist (dazu gleich mehr).

3. In allen anderen Fällen erbt jetzt das nicht eheliche Kind wie ein eheliches auch. Das heißt, es wird Mitglied einer Erbengemeinschaft und kann keinen Erbausgleich verlangen.

Der alte Erbersatzanspruch

Das alte Recht sah für nicht eheliche Abkömmlinge gegenüber dem Vater einen Anspruch vor, der die gesetzliche Erbfolge ersetzt. Man sprach deshalb von einem Erbersatzanspruch. Das klingt nach einer Verlegenheitslösung, war es aber in Wirklichkeit nicht. Ursache für diesen längst überholten Ersatzanspruch war die Vorstellung, die man sich vor vielen Jahren über das Verhältnis zwischen nicht ehelichen Kindern und ihren Eltern machte. Der Gesetzgeber stellte sich damals vor, dass in einer Idealfamilie keine nicht eheliche Nachkommenschaft lebt.

> **Der alte Erbersatzanspruch sah ausschließlich ein Erbe in Bargeld vor, zu gleichen Teilen wie für die ehelichen Kinder.**

So war es zur Jahrhundertwende noch üblich, dass nach einem Fehltritt des Manns die Kindsmutter entweder alimentiert oder gleich geheiratet wurde. Passierte einer ledigen Frau so ein »Missgeschick«, wurde das Kind entweder zur Adoption freigegeben oder von Verwandten aufgezogen. So in etwa sah das Sittengemälde aus, das unser altes Nichtehelichenrecht geprägt hat.

Daraus ergab sich die Erwartung, dass die in der Regel ungeliebten Halbgeschwister in der Erbengemeinschaft zu Spannungen führen werden. Nach Ansicht des Gesetzgebers sollten sie deshalb in der Erbengemeinschaft nicht gleichberechtigt sein, weil sie ja im Normalfall kein Interesse daran haben können, das Vermögen ihres Erzeugers zu bewahren und zu erhalten.

Trotzdem fand man es ungerecht, das nicht eheliche Kind in der Erbfolge völlig zu ignorieren: Irgendwie ist es ja schließlich doch ein Nachkomme des Erblassers. Als Kompromiss sah das Gesetz einen Anspruch des nicht ehelichen Kindes gegen den Nachlass vor, der genauso schwer wog wie die Ansprüche der anderen Erben, aber ausschließlich in Form von Bargeld erfüllt werden sollte.

Klartext: Das nicht eheliche Kind bekam den gleichen Erbteil wie die anderen Kinder, jedoch ausschließlich in Geld. Hatte der Verstorbene drei eheliche und ein nicht eheliches Kind, bekam jedes ein Viertel des Nachlasses.

Doch während die drei ehelichen Kinder in der Erbengemeinschaft darüber beratschlagen durften, wer auf welche Weise die väterliche Firma fortführt, brauchte das vierte, nicht eheliche Kind lediglich ausgezahlt zu werden.

Der vorzeitige Erbausgleich

Aus diesem Ersatzanspruch erwuchs dem nicht ehelichen Kind jedoch auch ein Vorteil gegenüber dem ehelichen: Es konnte von seinem Vater schon vor seinem Tod verlangen, dass er den Erbteil auszahlte. Während eheliche Nachkommen nur den üblichen Unterhalt verlangen konnten, stand dem nicht ehelichen Kind schon viele Jahre vor dem Tod des Vaters ein Teil seines Erbes zu. Voraussetzungen dafür waren:

1. dass die uneheliche Tochter bzw. der uneheliche Sohn älter als 21 und jünger als 27 Jahre alt war,
2. dass man sich mit dem Vater auf eine bestimmte Summe verständigte,
3. dass diese Vereinbarung von einem Notar beurkundet wurde und
4. dass das Kind bereit war, auf alle anderen Erbansprüche zu verzichten, egal wie hoch der Nachlass schließlich Jahre oder Jahrzehnte später sein würde.

Offen war, mit wie viel Geld ein Vater für den vorzeitigen Erbausgleich rechnen musste. Das hing vor allem von seinen wirtschaftlichen Verhältnissen ab. In der Regel musste der Erbausgleich so viel Geld umfassen, dass das Kind drei Jahre lang davon leben konnte. Dieser Betrag wurde aus dem jährlichen Durchschnittsbedarf der letzten fünf Jahre errechnet.

Den Erbersatzanspruch konnte sich das nicht eheliche Kind schon vor dem Erbfall auszahlen lassen.

Beispiel: Dem 26-jährigen Klaus-Günter, einem unehelichen Sohn des Hartwig S., stand nach der Düsseldorfer Tabelle und dem Einkommen seines Vaters ein monatlicher Unterhalt von 855 DM zu. Tatsächlich aber zahlte der Vater über die vergangenen Jahre hinweg 1.200 DM, weil er gut verdiente und Klaus-Günter das Geld für sein Studium in einer anderen Stadt brauchte. Der Sohn konnte damit einen vorzeitigen Erbausgleich von dreimal zwölfmal 1.200 DM verlangen, das sind 43.200 DM. Ein schöner Batzen Geld, um das Studium abzuschließen und die ersten Monate ohne Job überstehen zu können.

Im Einzelfall konnte der Ausgleichsbetrag erhöht oder reduziert werden, je nach den wirtschaftlichen Verhältnissen des Vaters. So war es durchaus möglich, den Ausgleichsbetrag auf das Einfache eines Jahresunterhalts zu reduzieren. Das war die Mindestsumme. Die Obergrenze dagegen bildete das Zwölffache dieses Betrags. In unserem Beispiel sind diese Grenzen eingehalten: Die Untergrenze beträgt zwölfmal 1.200 DM, also 14.400 DM. Die Obergrenze ist das Zwölffache davon, also könnte Klaus-Günter je nach Wirtschaftslage seines Vaters höchstens 172.800 DM verlangen.

Mit dem vorzeitigen Erbausgleich erloschen gleichzeitig alle zukünftigen Erbansprüche.

Mit dem Erbausgleich waren alle Erbansprüche abgewickelt, die in ferner Zukunft entstehen konnten. Was den außerehelichen Vater natürlich nicht daran hinderte, dem Sprössling durch Testament doch noch etwas zu geben. Ohne Testament aber profitierten von einem späteren Erbfall die anderen – ehelichen – Familienmitglieder allein.

Der Anspruch auf Erbausgleich verjährte drei Jahre nach dem 27. Geburtstag!

Durch die Neuregelung, die am 1.04.1998 in Kraft getreten ist, hat sich für die bereits erledigten Fälle nichts geändert. Wer also bereits durch einen Erbvertrag (Erbausgleich) abgefunden wurde, kann nicht wegen der Neuregelung einen Nachschlag verlangen. Die alten Erbverträge bleiben wirksam und gültig.

Das alte Recht mit Erbersatzanspruch und vorzeitigem Erbausgleich betrifft jedoch noch heute diejenigen nicht ehelichen Kinder, deren Vater vor dem 1.04.1998 gestorben ist und mit dem ein entsprechender Vertrag über einen Erbausgleich abgeschlossen worden ist. Wer mit Fug und Recht behaupten kann, diesen Vertrag nur wegen der bis zum 1.04.1998 geltenden Rechtslage geschlossen zu haben, hat noch ganz gute Aussichten für eine Irrtumsanfechtung des Erbvertrags. Aber Vorsicht: Das Anfechten ist nur innerhalb einer gewissen Frist ab dem Augenblick möglich, ab dem der Irrtum aufgefallen ist.

BESONDERHEITEN: TESTAMENT, ERBVERTRAG

In einem Testament kann grundsätzlich alles verteilt werden, was zum Vermögen des (künftigen) Erblassers gehört. Ebenso kann der Nachlass vollständig oder teilweise jedem beliebigen Menschen zugewendet werden. Wer am Ende erbt, muss mit dem Erblasser also nicht einmal verwandt sein.

Das Testament: Was es enthalten kann

Im Einzelnen kann ein Testament enthalten:

► **Eine Erbeinsetzung** – das macht einen Menschen, der entweder gar nicht in der gesetzlichen Erbfolge auftaucht oder aus anderen Gründen nicht erben würde, in vollem Umfang zum Erben mit allen Rechten und Pflichten, z. B. den Partner einer nicht ehelichen Lebensgemeinschaft.

Ein Testament regelt die Vermögensverteilung des Erblassers, der relativ frei über sein Vermögen verfügen kann.

► **Enterbung** – das schließt einen Angehörigen von der Erbfolge aus, der nach allgemeinen Grundsätzen eigentlich etwas bekommen müsste. Hier ist aber zu bedenken, dass man gute Gründe für eine Enterbung haben und benennen muss, sonst behält der Enterbte seinen Pflichtteilsanspruch.

► **Ein Vermächtnis** – das verpflichtet den Erben, eine bestimmte Handlung vorzunehmen oder etwas von dem Nachlass abzugeben. Dabei ist es völlig egal, ob der Begünstigte ein Verwandter ist oder nicht. Der Erbe muss das Vermächtnis erfüllen.

► **Eine Auflage** – das ist eine Bestimmung des Erblassers, wonach irgendjemand – im Zweifel natürlich der Erbe – bestimmte Handlungen vornehmen soll. Im Unterschied zum Vermächtnis muss es dafür keinen Begünstigten geben. Zum Beispiel könnte der Erblasser mit einer Auflage sicherstellen, dass sich einer der Erben um das geliebte Haustier kümmert oder einen Geschäftsbetrieb weiterführt, ohne deshalb gleich zum Eigentümer zu werden.

► **Die Einsetzung eines Nacherben** – damit kann der Erblasser sicherstellen, dass ein Teil oder der gesamte Nachlass über eine Generation hinweg in der Familie bleibt. Der Vorerbe verwaltet dieses Vermögen treuhänderisch für seine eigenen Nachkommen. Das heißt vor allem, dass er dieses Vermögen nicht ohne weiteres verkaufen oder zugrunde wirtschaften kann.

► **Die Einsetzung eines Testamentsvollstreckers** – es kann eine vertrauenswürdige Person bestimmt werden, die darauf achten soll, dass die Anordnungen im Testament auch strikt befolgt werden. Gerade wenn der künftige Erblasser seine Erben für unzuverlässig hält, macht eine solche Anordnung Sinn. Dabei sollte man aber beachten, dass niemand zum Testamentsvollstrecker bestimmt werden darf, der zu den gesetzlichen Erben gehört oder bereits in anderer Weise im Testament bedacht wird!

Ein Testament muss nicht entsprechend den Gesetzesvorlagen abgefasst sein.

Diese Aufzählung ist im Großen und Ganzen vollständig. Aber keine Angst vor diesen Bezeichnungen: Es reicht vollkommen aus, dass eine gewünschte Regelung klar beschrieben wird. In einem Testament muss man weder Gesetzesparagraphen nennen noch mögliche Verfügungen genau bezeichnen. Entscheidend ist immer der wirkliche Wille des Erblassers – ob er den nun mit Schriftzeichen oder durch Comicstrips ausdrückt, ist zweitrangig.

Nur eines ist wirklich wichtig: Das Testament muss von vorn bis hinten handschriftlich verfasst sein. Ausnahme: Der letzte Wille wird von einem Notar beurkundet.

Alles hat Grenzen, auch das Testament

Mit einem Testament darf man sich nicht von der deutschen Rechtsordnung verabschieden. Es gibt einige Punkte, auf die man immer achten muss. Diese sind:

1. **Der Typenzwang:** Ein Erblasser kann zwar schreiben, was er will, aber ausgeführt wird nur, was zu dem Kreis der möglichen Verfügungen gehört.
2. **Das Pflichtteilsrecht:** Ein Erblasser darf seine gesetzlichen Erben nicht ohne hinreichenden Grund übergehen oder enterben.
3. **Die Rechts- und Sittenordnung:** Ein Erblasser darf mit seinem Testament keine strafbaren Handlungen begehen wollen oder ein verwerfliches Ziel verfolgen. Solche Verfügungen sind nichtig.
4. **Die Verjährungsfrist:** Ein Erblasser kann nichts verfügen, was länger hält als 30 Jahre nach seinem Tod. Die allgemeine Verjährungsfrist des Zivilrechts ist damit zum Beispiel auch auf die Anordnung einer Nacherbfolge anwendbar. Auch ein Testamentsvollstrecker kann nur für bis zu 30 Jahren eingesetzt werden.
5. **Das Selbstbeschränkungsverbot:** Ein Erblasser muss seinen letzten Willen selbst niederlegen oder äußern. Er darf sich nicht im Voraus dazu verpflichten, sein Testament in einer bestimmten Art und Weise abzufassen. Nur im Rahmen eines Erbvertrags oder eines Ehegattentestaments darf er sich freiwillig einengen (lassen). Selbst das Versprechen, jemanden beispielsweise zum Testamentsvollstrecker zu ernennen, ist unwirksam.

Der Pflichtteilsanspruch

Beim Tod eines Angehörigen sollen zunächst dessen nächste Verwandte etwas bekommen, meinte der Gesetzgeber. Für einen künftigen Erblasser bedeutet das, dass er die Erben aus der ersten Ordnung normalerweise nicht übergehen kann. Er muss einen Teil seines Vermögens für die engsten Familienmitglieder reservieren.

Grund: Die direkten Abkömmlinge (Kinder, eheliche wie nicht eheliche) und der Ehegatte haben ein Pflichtteilsrecht.

Sofern der Erblasser keine Nachkommen hinterlassen hat, sind seine Eltern an der Reihe. Doch sollten auch die bereits verstorben sein, gibt es keine weiteren Pflichtteilsberechtigten: Geschwister und sonstige entfernte Angehörige kann der Erblasser übergehen, ohne die Pflichtteile dabei berücksichtigen zu müssen. Einen Pflichtteilsanspruch gibt es erst, wenn der Erblasser verstorben ist und das Nachlassgericht festgestellt hat, dass bestimmte Pflichtteile nicht erfüllt oder berücksichtigt worden sind. Es macht deshalb für einen Pflichtteilsberechtigten keinen Sinn, schon zu Lebzeiten des Erblassers gegen eine Enterbung oder eine Missachtung des Pflichtteilsanspruchs Sturm zu laufen. Er oder sie wird also wenigstens bis zum Tod des Erblassers warten. Der Anspruch auf einen Pflichtteil kann verjähren wie alle anderen Ansprüche auch. Die Verjährungsfrist beträgt drei Jahre. Und die Frist läuft ab dem Tag, an dem der Pflichtteilsberechtigte vom Tod des Erblassers hört und herausfindet, dass seine Ansprüche nicht berücksichtigt worden sind. Manchmal vergehen viele Jahre, bis sich ein verschollener Nachkomme meldet. Spätestens dann ist Streit vorprogrammiert.

Nur die Pflichtteilsansprüche seiner Nachkommen, seines Ehepartners und ggf. seiner Eltern muss der Testamentverfasser berücksichtigen.

Um Pflichtteilsansprüche erheben zu können, muss man nicht ausdrücklich enterbt sein. Es genügt, dass der Erblasser im Testament sein Vermögen am Pflichtteilsberechtigten vorbei aufteilt!

Umso wichtiger ist es für den Erblasser, die Pflichtteilsberechtigten entweder im Testament zu berücksichtigen oder sie möglichst rechtzeitig abzufinden, um Streit zu vermeiden.

Wenn ein Testament nicht reicht: Erbvertrag

Im Gegensatz zu einem Testament handelt es sich beim Erbvertrag um eine zweiseitige Erklärung. Darin verpflichten sich der Erblasser und seine Erben dazu, wie das Vermögen des Erblassers nach seinem Tod behandelt werden soll. Es gibt vor allem drei Situationen, in denen der Erbvertrag besonders beliebt ist:

Ein Erbvertrag ist im Gegensatz zum Testament eine zweiseitige Erklärung zwischen Erblasser und Erbe(n).

1. Der Erblasser kann eine bestimmte Leistung nicht zu Lebzeiten bezahlen oder sonstwie vergüten. Also verspricht er, dass die Schuld aus dem Nachlass getilgt werden soll.

Beliebt ist diese Art Erbvertrag zum Beispiel für den Fall, dass sich entfernte Angehörige um den pflegebedürftigen Erblasser kümmern. Da sie in der gesetzlichen Erbfolge im Erbfall nur schlecht bedacht werden würden, schließt man einen besonderen Erbvertrag ab.

2. Ein Paar möchte seine Erbschaftsangelegenheiten gern gemeinschaftlich regeln, ohne dafür heiraten zu müssen. Manchmal kommt eine Hochzeit auch überhaupt nicht infrage, wie zum Beispiel bei gleichgeschlechtlichen Partnerschaften. Wer nicht nur darauf vertrauen möchte, dass er im Testament des Partners bedacht wird, schließt schon zu Lebzeiten einen entsprechenden Erbvertrag.

3. Jemand beabsichtigt, einen gesetzlichen Erben im Testament zu übergehen. Damit der später keinen Pflichtteilsanspruch geltend macht, schließt man eine Art »Stillhalteabkommen«. Gegen eine – unter Umständen sofort fällige – Leistung verzichtet der gesetzliche Erbe auf seinen Pflichtteil. Damit kann der künftige Erblasser über den Nachlass freier verfügen, und der Erbe hat schon lange vor dem Todesfall etwas bekommen. Auch das ist ein Erbvertrag.

Es bestehen aber noch weit mehr Möglichkeiten, denn man kann mit einem Erbvertrag erheblich von den gesetzlichen Bestimmungen abweichen. Damit die Beteiligten auch wirklich erfahren, worauf sie sich mit einem Erbvertrag einlassen und welche Folgen er mit sich bringt, muss so ein Vertrag vor einem Notar vereinbart und von ihm in Anwesenheit aller Beteiligten beurkundet werden, sonst ist er unwirksam.

Wann gemeinsame Testamente sinnvoll sind

Zwischen dem normalen Testament und dem Erbvertrag steht das so genannte gemeinschaftliche Testament der Eheleute. In diesem gemeinschaftlichen Testament geben sich die Ehegatten gegenseitig und auch ihren Nachkommen ein Versprechen, das erst in der Zukunft verwirklicht werden soll. Es muss daher sichergestellt werden, dass der überlebende Ehegatte nicht diesem Testament zuwiderhandelt.

Gemeinschaftliche Testamente von Eheleuten sehen in der Praxis häufig Folgendes vor:

1. Die Ehegatten setzen sich gegenseitig als Erben ein, dann sollen die Kinder erben – oder ein beliebiger Dritter (Schlusserbe).
2. Die Ehegatten setzen sich als Erben ein und bestimmen gemeinsam, dass ein Kind, das seinen Pflichtteil zu Lasten des überlebenden Ehegatten geltend macht, von diesem dann auch nur den Pflichtteil bekommt – oder auf andere Weise wirtschaftliche Nachteile erfahren muss, zum Beispiel im Vergleich zu seinen Geschwistern.

Im gemeinschaftlichen Testament von Eheleuten setzen sich diese zumeist gegenseitig als Erben ein.

Diese gemeinsame Entscheidung kann in einer einzigen Urkunde abgegeben werden, muss aber nicht. Ein gemeinsames Testament kann ebenso gut aus zwei Schriftstücken bestehen. Maßgeblich ist, dass der gemeinsam abgegebene Wille

1. nach außen hin deutlich wird, und
2. erkennbar ist, dass die Erklärung auf einem gemeinsamen Entschluss beruht, und schließlich
3. dass die auch noch enthaltenen Verfügungen jedes einzelnen Ehegatten, die nicht auf dem gemeinsamen Willen beruhen, als einzelne Verfügungen erkennbar sind.

Der Inhalt entscheidet – ob reine Formalien wie Orts- und Zeitangaben miteinander übereinstimmen, ist dagegen unwichtig.

Aber Vorsicht! Ein gemeinschaftliches Testament dürfen nur verheiratete Paare aufsetzen!

Wer nicht mit seinem Partner verheiratet ist und trotzdem eine gemeinsame Vermögensregelung treffen möchte, muss das auf dem Weg eines entsprechenden Erbvertrags vereinbaren – sonst tun das die Anwälte der Hinterbliebenen für Sie. Denn jedes Missverständnis könnte zu einem heftigen Streit zwischen den Verwandten führen. Gemeinsame Testamente sehen also meist so aus, dass der länger lebende Ehegatte den Verstorbenen beerbt, um dann nach seinem eigenen Tod Vermögenswerte an Dritte weiterzuleiten, meist an die eigenen Kinder.

Im Unterschied zu einer Nacherbeinsetzung kann der überlebende Ehegatte über das ererbte Vermögen annähernd frei verfügen. Es gibt allerdings zwei Grenzen:

1. Das gemeinsame Testament selbst – man darf sich nicht so verhalten, dass das Testament nicht mehr umgesetzt werden kann. Beispiel: Das Familienhaus wird dem ältesten Sohn vermacht. Nach dem Tod des Vaters will Mutter das Grundstück verkaufen. Damit würde sie die gemeinsame Verfügung aus dem Testament unmöglich machen. Also: Der Verkauf darf nicht stattfinden.

2. Der Schlusserbe soll nicht mutwillig geschädigt werden – so darf der Überlebende keine Schenkungen oder ähnliche Geschäfte vornehmen, die den Nachlass ohne einen entsprechenden Gegenwert mindern. Solche nachteiligen Vereinbarungen kann der Schlusserbe vor Gericht anfechten, und meistens wird er damit Erfolg haben.

GRENZEN DER ELTERLICHEN SORGE

Es gibt also verschiedene Möglichkeiten, wie die Nachkommenschaft an den Nachlass kommt. Darüber sollte man nicht vergessen, dass es gerade in Familien, bei denen nicht viel zu holen ist, normalerweise bei der gesetzlichen Erbfolge bleibt.

Die Bestimmung eines minderjährigen Kindes zum Erben bedarf eines Testaments.

Diese Erbfolge ist aber mit zerrütteten Familien und gescheiterten Biographien oft überfordert. Und für jemanden, der ein minderjähriges Kind als Erbe bestimmen möchte, bedeutet das zusätzlichen Aufwand.

Beispiel: Karl W. ist 38 Jahre alt und lebt in zweiter Ehe mit Miriam W. zusammen. Diese Ehe ist kinderlos geblieben und er möchte dafür sorgen, dass sein zwölfjähriger Sohn Günther, nicht aber dessen jetzige Eltern, über den Nachlass verfügen können. Die Scheidung von Gabriele W., heute N., hatte nämlich vor allem den Grund, dass die Mutter überhaupt nicht mit Geld umgehen konnte. Sie lebt jetzt mit einem Mann zusammen, der sich vor allem durch den Unterhalt ernährt, den Karl W. für seinen Sohn entrichten muss. Das Gericht war nämlich der Überzeugung, dass Gabriele noch nicht voll arbeiten gehen kann, was sie aber ein halbes Jahr nach dem Urteil trotzdem getan hat.

Karl W. hat grundsätzlich folgende Möglichkeiten:

1. Er verlässt sich auf die **gesetzliche Erbfolge**. Dann bekommt sein Sohn die Hälfte, seine Ehefrau Miriam die andere Hälfte vom Nachlass. Da der Sohn minderjährig ist, wird dessen Anteil von seiner Mutter Gabriele verwaltet. Immerhin: Wollte die Mutter das Erbe ausschlagen, bräuchte sie dafür nach § 1643 BGB eine gerichtliche Genehmigung.

Soll der Elternteil, der das Sorgerecht hat, nicht über das Erbe verfügen, kann ein Testamentsvollstrecker bestimmt werden.

2. Er setzt ein Testament auf, das auf die gesetzliche Erbfolge verweist, und **bestimmt darin zusätzlich**, dass die Eltern des Kindes den Erbteil nicht oder nur in bestimmten Grenzen verwalten dürfen (§§ 1638, 1639 BGB). Verstöße gegen diese Anordnungen werden vom Gericht verfolgt, worauf dann vor allem die jetzige Ehefrau des Karl W. achten muss.

3. Er setzt ein Testament auf, in dem er eine vertrauenswürdige dritte Person zum **Testamentsvollstrecker** ernennt. Das würde Sinn machen, wenn er beispielsweise von seiner neuen Frau weiß, dass sie an seinem Sohn und an dessen Wohlergehen kein Interesse hat.

Karl W. kommt also an einem Testament nicht vorbei, wenn er zugunsten seines Sohnes sichergehen will. Normalerweise nämlich erstreckt sich das Sorgerecht, das in unserem Beispiel bei der Mutter geblieben ist, auf das gesamte Vermögen des Kindes. Wer das verhindern will, muss geeignete Vorkehrungen treffen.

Das Gesetz hält sich auch in Erbangelegenheiten mit wirklich zwingenden Vorschriften zurück. Trotzdem hat der Gesetzgeber eine Vorschrift erlassen, die das Kind vor unlauteren Sorgeberechtigten schützen soll, nämlich § 1640 BGB. Dadurch werden die Sorgeberechtigten verpflichtet,

1. über das Vermögen, das ihr Kind durch eine Erbschaft oder sonst von Todes wegen erhält, ein genaues **Vermögensverzeichnis** aufzustellen,

2. verbindlich zu **versichern**, dass in diesem Verzeichnis alle Güter und Werte stehen, die dem Kind zugefallen sind, und
3. dieses Verzeichnis beim **Vormundschaftsgericht** einzureichen. Das soll dem Kind später einmal Klarheit darüber verschaffen, was ursprünglich vorhanden gewesen ist. Und dem Gericht dient dieses Verzeichnis zur Kontrolle, dass die Sorgeberechtigten mit dem Kindsvermögen keinen Unfug anstellen.

Ist das Vermögensverzeichnis nämlich unvollständig, unrichtig oder sonstwie nicht in Ordnung, kann das Gericht eine Amtsperson damit beauftragen, das Verzeichnis zu erstellen. Und im schlimmsten Fall kann es den Eltern die Vermögenssorge insgesamt entziehen (§ 1640 Abs. 4 BGB).

Aber: Ein genaues Vermögensverzeichnis für das Vormundschaftsgericht ist nur nötig, wenn der Nachlass, den das Kind erben soll, mindestens 10.000 DM wert ist.

Außerdem kann der Erblasser selbst verfügen, dass kein Verzeichnis aufgestellt werden soll (§ 1640 Abs. 2 BGB). Ansonsten sieht das Zivilrecht mal wieder nur eine Wohlverhaltensregel vor. Im Originalton heißt es in § 1642 BGB:

»Die Eltern haben das ihrer Verwaltung unterliegende Geld des Kindes nach den Grundsätzen einer wirtschaftlichen Vermögensverwaltung anzulegen, soweit es nicht zur Bestreitung von Ausgaben bereitzuhalten ist.«

Im Klartext gesprochen: Sie dürfen mit dem Vermögen des Kindes machen, was sie für richtig halten. Nur für den Fall, dass die Eltern das Geld sinnlos verjubeln, kann das mit dem Entzug des Vermögenssorgerechts bestraft werden. Ansonsten brauchen die Eltern eine gerichtliche Genehmigung nur für wenige Geschäfte (siehe Seite 22f.). Darunter fallen nach § 1643 Abs. 2 BGB vor allem folgende Geschäfte:
► die Ausschlagung einer Erbschaft,
► die Ausschlagung eines Vermächtnisses,
► der Verzicht auf einen Pflichtteilsanspruch.

EINE ART FAZIT

Neben der Darstellung, was sich durch die neuen Gesetze zum 1.04.1998 und zum 1.07.1998 alles geändert hat, habe ich ferner die Regelungen erläutert, die den heutigen rechtlichen Rahmen für Kindeserziehung bilden. Es bleibt zu hoffen, dass damit die Entwicklung, die mit dem Nichtehelichengesetz von 1970 eingeleitet wurde, nun zu einem vernünftigen Abschluss gekommen ist.

Tatsächlich ist das rechtliche Verhältnis zwischen dem Kind, dessen Eltern bei der Geburt nicht miteinander verheiratet sind, und seinen Eltern in scheinbar allen wichtigen Aspekten an das der ehelichen Kinder angeglichen worden.

Der Begriff »nicht ehelich« ist in den Gesetzen deshalb auch so weit wie möglich ausgemerzt worden. Offen bleibt allerdings, welche Erweiterungen das neue Instrument der Sorgeerklärung durch die Rechtsprechung im Lauf der Zeit noch erfahren wird.

Nach bestem Wissen und Gewissen habe ich in meiner Darstellung versucht, die von der Rechtsprechung zum früheren Recht entwickelten Grundsätze des eltelichen Sorgerechts auf die neue rechtliche Situation zu übertragen.

Ob sich das tatsächlich in allen Einzelheiten später auch in der Gerichtspraxis wiederfinden lässt, muss sich jedoch im Lauf der nächsten Jahre noch zeigen.

Jedenfalls steht nicht zu erwarten, dass diese oder eine folgende Bundesregierung sich in den nächsten fünf bis zehn Jahren noch einmal an dieses Rechtsgebiet heranwagen wird. So bleibt denn auch eines der wichtigen Reformziele, das vielen Reformen am Herzen lag, nach wie vor unerreicht: Den Eltern wird nicht verboten, Ohrfeigen zu verteilen oder Prügelstrafen zu vollziehen. Zwar tritt das Leitbild einer gewaltfreien Kindeserziehung deutlicher hervor, doch es bleibt beim Leitbild. Rechtliche Konsequenzen bezüglich Eltern, die diese Erziehungsmaßnahmen für richtig halten, ergeben sich aus diesem Ideal so gut wie nicht.

Ob das neue Kindschaftsrecht auch im Hinblick auf das Leitbild einer in jeder Hinsicht gewaltfreien Erziehung greift, bleibt abzuwarten.

Man wird auch in Zukunft in der Regel nur dann gegen Eltern, die ihre Kinder schlagen, vorgehen können, wenn Strafgesetze verletzt und Kinder brutal misshandelt werden.

Haftung

Alle Angaben in diesem Buch wurden anhand der zum Redaktionsschluss (Sommer 1998) vorliegenden Informationen sorgfältig zusammengestellt und überprüft. Allerdings sind bei der Beurteilung von juristischen Sachverhalten, immer die genauen Umstände des Einzelfalls zu beurteilen. Deshalb können Autor, Redaktion und Verlag keine Haftung für Schäden bzw. Vermögensverluste übernehmen, die aus der Anwendung der hier gegebenen Ratschläge resultieren.

Anmerkung der Redaktion:

Diesem Buch liegt die im Juli 1996 in Wien beschlossene und seit 1.8.1998 verbindliche Neuregelung der deutschen Rechtschreibung zugrunde.

Redaktion: Cornelia Osterbrauck
Projektleitung: Antje Eszerski
Redaktionsleitung: Dr. Reinhard Pietsch
Umschlag: Till Eiden
Illustrationen: Eckhard Hundt
DTP-Produktion: Fotosatz Völkl, Puchheim
Produktion: H + G Lidl, München

Printed in Italy

ISBN 3-517-07717-8

STICHWORTVERZEICHNIS

Normen

GESETZE